国家重点研发计划项目"人体运动促进健康个性化精准指导方案的建立"
（项目编号：2018YFC2000600）

幼儿家庭体育指南

主编◎王欢 王馨塘

北京体育大学出版社

策划编辑：田　露
责任编辑：田　露
责任校对：陆继萍
版式设计：李　鹤

图书在版编目（CIP）数据

幼儿家庭体育指南 / 王欢, 王馨塘主编. -- 北京：
北京体育大学出版社, 2025.1. -- ISBN 978-7-5644
-4219-4

Ⅰ. G898.1

中国国家版本馆CIP数据核字第20240RA962号

幼儿家庭体育指南

YOUER JIATING TIYU ZHINAN

王　欢　王馨塘　著

出版发行：北京体育大学出版社
地　　址：北京市海淀区农大南路1号院2号楼2层办公B-212
邮　　编：100084
网　　址：http://cbs.bsu.edu.cn
发 行 部：010-62989320
邮 购 部：北京体育大学出版社读者服务部 010-62989432
印　　刷：北京瑞禾彩色印刷有限公司
开　　本：710mm×1000mm　　　1/16
成品尺寸：170mm×240mm
印　　张：7
字　　数：134千字
版　　次：2025年1月第1版
印　　次：2025年1月第1次印刷
定　　价：58.00元

前言

　　我国儿童青少年的体质和运动能力的问题一直被社会高度关注。部分儿童青少年的身体素质呈现出软（力量弱）、笨（动作不协调）、慢（速度慢）的特点。与此同时，肥胖和近视方面的问题也不容乐观。为此，各地教育部门陆续出台增强儿童青少年体质的政策，家长们对儿童青少年体育成绩的关注度也空前高涨。为了取得较好的体育成绩，不少家长开始花钱给儿童青少年报体育类培训班，这种"应试化"对策治标不治本，未必能让儿童青少年真正喜欢运动。其实部分儿童青少年体质弱、运动能力差的问题从学龄前就开始出现了，那么如何让他们从小就爱上运动，发挥运动的潜能呢？

　　3～6岁是幼儿的动作技能发展的关键阶段，有效干预可为今后掌握更复杂的动作技能，顺利通过体育课达标测试打下坚实的基础。家长是幼儿运动启蒙的"第一任老师"，家长良好的体育态度和运动行为会激发幼儿的运动潜能。随着《中华人民共和国家庭教育促进法》颁布，开展家庭体育活动有法可依，家长在家庭体育教育中承担着重要责任。

　　在当今信息科技高速发展的时代，80后、90后、00后父母们学习能力强，获取信息途径广泛，有迫切的获得实用、有益指导的需求，以帮助自己的孩子发展运动潜能。面对家长普遍存在的"练什么、怎样练"的疑惑，本书根据中国幼儿运动发育的特点，借鉴国内外先进理论和经验，以基本动作为核心，创编了10类"魔法"动作和38个有趣的家庭体育游戏，掌握了这10类动作，幼儿学习运动项目会更容易，也能充分享受运动的快乐。

　　来自国家体育总局体育科学研究所和北京体育大学的科研团队，以及幼儿体育教育一线工作者的我们，依据今日我国幼儿面临的体育教育问题和家长的需要，联手将幼儿体育的国际先进理念、家庭测评方法、动作技能培养方法等内容进行了梳理，以帮助家长每日利用点滴时间提高幼儿的运动能力，促进幼儿的身心健康和人格发展。由于时间仓促以及经验不足，本书疏漏之处在所难免，希望广大读者朋友们在实际应用中批评指正，我们将不断改进完善，为提高幼儿的体育发展水平而不懈努力！

目录 Contents

第一章　体育活动是促进幼儿健康成长的核心动力

一、体育活动促进幼儿全面发展

　　体育活动融合了身体活动、智力活动、心理活动，有助于幼儿全面发展。体育活动是幼儿全身心积极参与的过程。对幼儿来说，体育活动可以增强体质，培养运动兴趣；促进生长发育；调节情绪，促进心理健康；增强大脑功能；提高社会适应性（图1-1）。

图1-1　体育活动促进幼儿全面发展

（一）促进身高增长、体型匀称

体育活动对骨骼具有刺激作用，可促进骨组织的营养吸收，从而促使骨骼生长，幼儿的身高随之增长。同时，体育活动可减少脂肪，丰满肌肉，可避免或改善肥胖或偏瘦等体型，使得幼儿体格健壮、体型匀称。

（二）提高运动能力，增强体质

体育活动可增强幼儿走、跑、跳、攀爬、投掷等基本运动能力，同时，在运动过程中幼儿的呼吸增强，血液循环加快，新陈代谢加强，久而久之，幼儿的肺活量加大，心肌收缩力增强，心肺功能增强。运动还可增加胃肠蠕动，增进食欲，所以饮食状况不佳的幼儿更需要体育活动。

（三）促进心理健康、智力发育

体育活动对情绪状态有明显的改善作用，幼儿在体育活动中可以宣泄情感，放松身心。家长的陪伴鼓励会使他们感到心情愉悦，精神振奋，这可以促使情绪健康化。由于机体协调运动是在神经系统的控制调节下进行的，所以体育活动在增强幼儿身体机能的同时，也促进其神经系统的发育，有利于智力的开发。

（四）培养良好品质，塑造良好性格

幼儿的性格还没有完全形成，还具有很大的可塑空间。体育活动能培养幼儿乐观开朗、积极向上的性格。幼儿在体育活动中需要克服困难，这不仅能培养幼儿不畏困难的坚毅品质，还能增强其自信心。对于性格不合群的幼儿，要让他们多参加集体活动和各种游戏，这些活动可改善其性格，有利于他们的身心健康成长。

（五）促进适应社会发展

体育活动对幼儿人际关系的发展有很大的促进作用，可培养其与人合作的习惯和遵守规则的意识，以适应日后的社会发展。体育活动的竞争环节可以培养幼儿的团队精神和竞争意识，提高幼儿对社会发展的适应能力。

（六）激发体育兴趣爱好，培养终身体育习惯

在家庭体育活动中，家长可以根据幼儿的健康状况、身体条件、个人意愿等因材施教，更好地挖掘其长处与爱好，因此家庭体育活动有助于幼儿终身体育习惯的养成。家庭教育具有长期性、连续性，以及早期教育的优势，具有使幼儿养成运动习惯的条件。幼儿的运动习惯会延续至成年，从而在终身体育中获得身心健康的益处。

二、幼儿体育与德育、智育、美育、劳育有机融合

幼儿体育是幼儿教育的重要组成部分，因其自身发展的规律，有一定的独立性，但与德育、智育、美育、劳育等有密切的联系。体育活动是一种社会性活动，有活动规则，有竞争，有胜负，有人与人的互动，幼儿参加体育活动有助于培养其遵守规则、团结合作、顽强拼搏等优秀品质和作风。与刻板说教相比，在活泼的体育场景下进行的品德教育显得极为生动与自然，幼儿更容易理解并乐于接受。此外，体育活动还能充分调动幼儿的视觉、听觉、触觉、运动觉，提高大脑反应速度，让幼儿在体育活动中学习处理问题，学习如何与同伴交往，这也增强了幼儿思维的灵活性，促进了幼儿心智的发育。同时，体育对动作的要求本身就包含着对人体美的理解，如身体形态的匀称、动作协调与节奏韵律，幼儿在体育活动中能够感受美、欣赏美、追求美。体育与劳动都是一种身体活动，而积极参与体育活动的幼儿，能拥有良好的身体素质、积极向上的精神状态，会更愿意和家长分担家务，一起参与家庭劳动。由此可见，体育完全可以融合德育、智育、美育和劳育。体育与其他"四育"一起，对幼儿德、智、体、美、劳协同发展具有重要的促进意义。

扫码了解

第二章　幼儿体育离不开家庭支持

《中华人民共和国家庭教育促进法》颁布，开展家庭体育活动有法可依

中华人民共和国第十三届全国人民代表大会常务委员会第三十一次会议于 2021 年 10 月 23 日通过的《中华人民共和国家庭教育促进法》，自 2022 年 1 月 1 日起施行。该法规定了监护人在家庭教育中的责任，提出家庭教育六大内容、九大方法。条文中明确了监护人应自觉主动学习提升，树立正确的家庭教育理念；监护人应与学校、社区等密切配合，共同促进未成年人的健康成长。

其中，体育运动作为家庭教育内容入法。第十六条第（四）项规定："保证未成年人营养均衡、科学运动、睡眠充足、身心愉悦，引导其养成良好生活习惯和行为习惯，促进其身心健康发展。"第二十二条规定："未成年人的父母或者其他监护人应当合理安排未成年人学习、休息、娱乐和体育锻炼的时间，避免加重未成年人学习负担，预防未成年人沉迷网络。"由于体育运动对于未成年人的健康成长具有重要的意义，监护人要合理开展家庭体育活动，保证未成年人的运动时间，以促进其身心健康发展。

一、幼儿体育应"全家共同参与"

幼儿体育离不开家庭，家长的参与有助于增强其自身的运动能力，构建"全家一起，爱运动，促健康"的氛围。幼儿体育的开展绝不是幼儿自己的事情，家长除了陪伴在幼儿身旁外，积极参与幼儿的体育活动也是非常必要的。在陪伴幼儿的同时，家长也能学习一些新的动作技能，比如跑步、跳跃的正确动作模式。家长通过再学习、再体验，增强了体质，完成了运动能力的自我提升。研究表明，掌握一定动作技能的家长带动幼儿参与运动的意识和能力更强，幼儿的运动习惯建立得更快。在共同运动的过程中，家长与幼儿互相督促，相互促进，共同进步与成长，这样在幼儿和家长之间形成良性循环，这是亲子互动更有意义的经历。热爱运动的家庭氛围会感染每位家庭成员，家庭会充满积极、正向的能量。

体育活动可以促进幼儿与家长的情感交流，形成和谐的亲子关系。体育活动在家庭中开展是以情感为纽带的，对促进家庭成员的关系有重要作用。在体育活动中，家长和幼儿在共同克服困难、携手与同伴竞争的过程中，成了相互信赖的队友和可靠的朋友。平日里忙碌的家长，此时成了幼儿最默契的伙伴。家长应该抽出时间和幼儿进行一些运动小游戏。因为在仅仅十分钟的运动氛围里，家长和幼儿也能更加亲密，幼儿也会因为能和爸爸妈妈一起做同一件事情而更加开心。家长与幼儿的心理距离拉近，才能更好地与幼儿沟通交流，达到教育的目的。而家庭体育活动的开展增加了亲子互动的机会，增强了情感交流，丰富了亲情的传递方式，是家庭和谐的"催化剂"。

二、运动水平低不会遗传，后天环境影响运动神经的发育

2022 年 2 月 15 日，苏翊鸣在 2022 年北京冬奥会单板滑雪男子大跳台比赛中夺得冠军，成为冬奥会历史上最年轻的单板滑雪大跳台冠军，以及首位赢得冬奥会单板滑雪金牌的中国运动员。他出色的运动技能和他年仅 18 岁的年龄吸引

了无数人的目光。他是如何完成这一出色动作的呢？是他天生适合单板滑雪，还是从小训练的结果呢？答案是两者皆有。苏翊鸣可能拥有得天独厚的天赋，具备"天生"的单板滑雪的运动素质，从而能够成为世界级的滑雪运动员，但是，要想具备如此出色的运动技能，后天环境中的训练也是无可替代的。

　　先天和后天、基因和环境哪个更重要？这个问题已经争论了很多年。从先天与基因的角度看，运动能力必须依赖神经系统和运动系统，而这些系统的发展在很大程度上受基因的控制。但尽管如此，幼儿任何后天获得的动作与行为，如走路、跑步、跳跃、攀爬等，都是神经系统、运动系统和环境交互作用的结果。举个简单的例子，对于一个想爬台阶的幼儿来说，台阶是必须的，如果没有台阶这一环境因素的存在，那么学习爬台阶这一动作的机会也就不存在。此外，如果没有爬台阶的兴趣，幼儿也就没有学习这一动作的内部动力，也就没法习得新的动作。所以，环境是影响幼儿运动水平的重要因素，特别是在幼儿早期的发展中，他所处的环境会推动他去学习一个新的、给定的动作或运动，进而发展并提高幼儿的运动能力。而家长在此时就需要营造一个适合幼儿学习新动作的运动环境，例如了解幼儿运动相关知识，对自己和幼儿参与运动有着积极的态度，提供一些简单的运动器材，并陪伴、教授幼儿使用这些器材，或进行一些较为复杂的家庭亲子运动游戏。（家庭运动环境的构成要素见图2-1。）幼儿有了目标、有了动力、有了客观环境的支持，才能更好、更快地增强运动能力，提高运动水平。

图2-1　家庭运动环境的构成要素

三、家长的态度、行为决定幼儿运动潜能的发挥

家长应该认识到自己是幼儿运动的"第一任老师"。家长良好的体育态度和行为会激发幼儿的运动潜能，这包括家长具有培养幼儿运动习惯的意识；给幼儿提供足够丰富的运动机会；引领、陪伴，为幼儿做示范。幼儿参与体育活动的行为在不知不觉中被家长的语言和行为所强化，幼儿的运动潜能在体育活动参与中被激发。年仅17岁的苏翊鸣在2022年北京冬奥会上获得冠军，他的父母是怎样支持和培养他的呢？苏翊鸣从小就和父母一样爱运动，4岁开始玩单板滑雪，尽管天赋和努力让他的单板滑雪技术进步神速，但几次受伤也曾动摇他的信念，他一度怀疑自己是不是选错了道路。而作为他坚强后盾的父母，一方面给他尝试权和选择权，尊重他的想法；另一方面，在他面对困难坚持不下去的时候，鼓励他继续自己的理想。苏翊鸣的妈妈认为，真正热爱运动的人，不仅要体验运动带来的快乐和成就感，也要承担相应的风险。此外，她没有采用家长施压的鼓励方式，而是让苏翊鸣教他的同学滑雪，用这个方法帮助苏翊鸣重新唤起对运动的热情和自信。事实证明，父母对孩子的影响和教育可以让其在整个人生中，不断获得挑战自我和超越自我的力量。从她的成长过程中我们不难看到作为滑雪教练的母亲对她的影响和付出。新生代家长通常重视幼儿体育，但如何培养幼儿的运动能力呢？答案是家长首先需要自我成长。

要实现以体育儿，家长要自我成长，提升自身体育素养。体育素养是包括体质水平、体育知识、体育意识、体育行为、体育技能、体育个性、体育品德等要素的综合素质与修养。家长体育素养的自我提升，不仅需要知识、方法与能力，更需要具体实践。所谓实践出真知，在理论知识的指导下，家长若能率先投入体育运动中，以身示范，会有事半功倍的效果。家长以体育儿，首先需要掌握幼儿身心发展的基本规律，了解幼儿身心发展的基本情况，从而避免体育活动违背幼儿身心的发展规律。其次，需要学习体育基础知识，培养正确示范和指导动作技能的能力，以及运动损伤的预防与应急能力。最后，需要学习如何合理规划资源，建设适合开展体育活动的家庭环境。家长体育素养的提升，可为幼儿家庭体育的开展打下坚实的基础，为幼儿的身心发展提供最直接、最有效的途径。

第三章　了解幼儿运动能力水平是第一位的

一、幼儿体质测评结果，您了解吗？

3～6岁的幼儿是我们国家国民体质监测的对象之一。截至2023年，幼儿园的体质监测标准大多是参照国家体育总局2003年发布的《国民体质测定标准手册（幼儿部分）》[1]，这是幼儿体质监测权威性文件，对科学指导幼儿健身起到积极的推动作用。这套标准通过监测8个测试指标来了解幼儿的身体形态、身体素质等方面的生长发育情况。其中身体素质包括6个测试指标，即10米折返跑、立定跳远、网球掷远、双脚连续跳、坐位体前屈、走平衡木（表3-1）。2023年，该标准进行了修订，具体测试指标和评分标准见附录。

表 3-1　幼儿身体素质测试指标的意义和方法

测试指标	意义	方法
10米折返跑	测试灵敏性和速度素质	幼儿站立在起跑线后；当听到起跑信号后，立即起跑，直奔折返线，用手触摸到物体（木箱或墙壁）后返回
立定跳远	测试下肢肌肉的爆发力	幼儿双脚自然分开，站立在起跳线后，然后摆动双臂，双脚蹬地尽力向前跳
网球掷远	测试上肢、腰腹部的肌肉力量	幼儿站在投掷线后，双脚前后分开，单手持球；将球从肩上方投出，球出手时后脚可以向前迈出一步，但不能踩线或过线

续表

测试指标	意义	方法
双脚连续跳	测试协调性、下肢肌肉力量	幼儿双脚并拢站在起跳线后，听到"开始"的口令后，双脚起跳，连续跳过 10 个软方包后停止
坐位体前屈	测试下肢、躯干的柔韧性	幼儿面向仪器坐在垫子上，双腿向前伸直；脚跟并拢，双脚蹬在测试仪的挡板上，脚尖自然分开。测试时，幼儿双手并拢，掌心向下平伸，膝关节伸直，上体前屈，用双手中指指尖推动游标平滑前进，直到不能推动为止
走平衡木	测试平衡能力	幼儿站在平衡木起点线后的平台上，面向平衡木，双臂侧平举，当听到"开始"的口令后，双脚交替快速向终点线前进

体质测试各项指标评分采用 5 分制（表 3-2 至表 3-7），5 分为优秀，4 分为良好，3 分为及格，2 分为中下，1 分为差。综合评价根据受试者各项得分之和确定，包括身高、体重和 6 项身体素质，综合评价分为四个等级，各项得分之和大于 31 分为一级（优秀），28 ～ 31 分为二级（良好），20 ～ 27 分为三级（合格），小于 20 分为四级（不合格）。2020 年全国幼儿体质监测结果显示，全国 3 ～ 6 岁幼儿体质达到合格以上的比例为 94.4%，比 2014 年有所提升。

表 3-2　3 ～ 6 岁幼儿 10 米折返跑评分标准　　　　　单位：秒

年龄	性别	1 分	2 分	3 分	4 分	5 分
3 岁	男	15.8 ～ 12.9	12.8 ～ 10.3	10.2 ～ 9.1	9.0 ～ 8.0	<8.0
	女	16.8 ～ 13.5	13.4 ～ 10.6	10.5 ～ 9.4	9.3 ～ 8.2	<8.2
3.5 岁	男	14.0 ～ 11.4	11.3 ～ 9.5	9.4 ～ 8.4	8.3 ～ 7.5	<7.5
	女	14.9 ～ 12.1	12.0 ～ 9.8	9.7 ～ 8.7	8.6 ～ 7.7	<7.7
4 岁	男	12.4 ～ 10.2	10.1 ～ 8.6	8.5 ～ 7.7	7.6 ～ 6.9	<6.9
	女	13.2 ～ 10.9	10.8 ～ 9.1	9.0 ～ 8.1	8.0 ～ 7.2	<7.2
4.5 岁	男	11.8 ～ 9.8	9.7 ～ 8.1	8.0 ～ 7.3	7.2 ～ 6.7	<6.7
	女	12.4 ～ 10.3	10.2 ～ 8.6	8.5 ～ 7.7	7.6 ～ 7.0	<7.0
5 岁	男	10.3 ～ 9.0	8.9 ～ 7.7	7.6 ～ 7.0	6.9 ～ 6.4	<6.4
	女	11.2 ～ 9.7	9.6 ～ 8.1	8.0 ～ 7.3	7.2 ～ 6.7	<6.7

续表

年龄	性别	1分	2分	3分	4分	5分
5.5岁	男	10.0 ~ 8.6	8.5 ~ 7.4	7.3 ~ 6.8	6.7 ~ 6.2	<6.2
	女	10.5 ~ 9.1	9.0 ~ 7.7	7.6 ~ 7.0	6.9 ~ 6.4	<6.4
6岁	男	9.4 ~ 8.0	7.9 ~ 6.9	6.8 ~ 6.3	6.2 ~ 5.8	<5.8
	女	10.2 ~ 8.6	8.5 ~ 7.3	7.2 ~ 6.6	6.5 ~ 6.1	<6.1

注：测量值精确到小数点后1位，小数点后第二位按"非0进1"的原则进位。

表3-3　3~6岁幼儿立定跳远评分标准　　　　单位：厘米

年龄	性别	1分	2分	3分	4分	5分
3岁	男	21~29	30~42	43~58	59~76	>76
	女	21~28	29~39	40~54	55~71	>71
3.5岁	男	27~34	35~52	53~69	70~84	>84
	女	25~33	34~49	50~64	65~81	>81
4岁	男	35~46	47~64	65~79	80~95	>95
	女	32~43	44~59	60~73	74~89	>89
4.5岁	男	40~54	55~72	73~88	89~102	>102
	女	40~49	50~67	68~80	81~96	>96
5岁	男	50~64	65~79	80~95	96~110	>110
	女	50~59	60~74	75~88	89~102	>102
5.5岁	男	56~69	70~89	90~102	103~119	>119
	女	54~65	66~81	82~95	96~109	>109
6岁	男	61~78	79~94	95~110	111~127	>127
	女	60~70	71~86	87~100	101~116	>116

注：测量值不计小数。

表3-4　3~6岁幼儿网球掷远评分标准　　　　单位：米

年龄	性别	1分	2分	3分	4分	5分
3岁	男	1.5	2.0~2.5	3.0~3.5	4.0~5.5	>5.5
	女	1.0	1.5~2.0	2.5~3.0	3.5~5.0	>5.0
3.5岁	男	1.5	2.0~2.5	3.0~4.0	4.5~5.5	>5.5
	女	1.5	2.0~2.5	3.0~3 5	4.0~5.0	>5.0

年龄	性别	1分	2分	3分	4分	5分
4岁	男	2.0~2.5	3.0~3.5	4.0~4.5	5.0~6.0	>6.0
	女	2.0	2.5~3.0	3.5~4.0	4.5~5.0	>5.0
4.5岁	男	2.5	3.0~4.0	4.5~6.0	6.5~8.0	>8.0
	女	2.0	2.5~3.0	3.5~4.0	4.5~5.5	>5.5
5岁	男	3.0~3.5	4.0~5.0	5.5~7.0	7.5~9.0	>9.0
	女	2.5~3.0	3.5~4.0	4.5~5 5	6.0~8.5	>8.5
5.5岁	男	3.0~3.5	4.0~5.5	6.0~7.5	8.0~10.0	>10.0
	女	3.0	3.5~4.5	5.0~6.0	6.5~8.5	>8.5
6岁	男	3.5~4.0	4.5~6.5	7.0~9.0	9.5~12.0	>12.0
	女	3.0	3.5~4.5	5.0~6.0	6.2~8.0	>8.0

注：测量值精确到小数点后1位，小数点后第二位按"大于0.25进0.5"的原则进位，如 2.77记为3.0，4.1记为4.0。

表 3-5　3~6岁幼儿双脚连续跳评分标准　　　　单位：秒

年龄	性别	1分	2分	3分	4分	5分
3岁	男	25.0~19.7	19.6~13.1	13.0~9.2	9.1~6.6	<6.6
	女	25.9~20.1	20.0~13.5	13.4~9.8	9.7~7.1	<7.1
3.5岁	男	21.8~17.0	16.9~11.2	111~8.3	8.2~6.1	<6.1
	女	21.9~17.1	17.0~11.3	11.2~8.5	8.4~6.2	<6.2
4岁	男	17.0~13.2	13.1~9.2	9.1~7.1	7.0~5.6	<5.6
	女	17.2~13.5	13.4~9.6	9.5~7.4	7.3~5.9	<5.9
4.5岁	男	14.5~11.3	11.2~8.2	8.1~6.5	6.4~5.3	<5.3
	女	14.9~12.0	11.9~8.6	8.5~6.8	6.7~5.5	<5.5
5岁	男	12.5~9.9	9.8~7.3	7.2~6.0	5.9~5.1	<5.1
	女	12.7~10.1	10.0~7.6	7.5~6.2	6.1~5.2	<5.2
5.5岁	男	11.9~9.4	9.3~6.9	6.8~5.7	5.6~4.9	<4.9
	女	11.5~9.3	9.2~7.0	6.9~5.8	5.7~4.9	<4.9
6岁	男	10.4~8.3	8.2~6.2	6.1~5.2	5.1~4.4	<4.4
	女	10.5~8.4	8.3~6.3	6.2~5.3	5.2~4.6	<4.6

注：测量值精确到小数点后1位，小数点后第二位按"非0进1"的原则进位。

表3-6　3~6岁幼儿坐位体前屈评分标准　　　　　单位：厘米

年龄	性别	1分	2分	3分	4分	5分
3岁	男	2.9~4.8	4.9~8.5	8.6~11.6	11.7~14.9	>14.9
	女	3.2~6.2	6.3~9.9	10.0~12.9	13.0~15.9	>15.9
3.5岁	男	2.7~4.6	4.7~8.4	8.5~11.5	11.6~14.9	>14.9
	女	3.5~6.2	6.3~9.9	10.0~12.9	13.0~15.9	>15.9
4岁	男	2.4~4.4	4.5~8.4	8.5~11.4	11.5~14.9	>14.9
	女	3.4~5.9	6.0~9.9	10.0~12.9	13.0~15.9	>15.9
4.5岁	男	1.8~4.1	4.2~7.9	8.0~10.9	11.0~14.4	>14.4
	女	3.0~5.9	6.0~9.9	10.0~12.9	13.0~16.0	>16.0
5岁	男	1.1~3.4	3.5~7.5	7.6~10.9	11.0~14.4	>14.4
	女	3.0~5.4	5.5~9.6	9.7~13.1	13.2~16.6	>16.6
5.5岁	男	1.0~3.2	3.3~7.5	7.6~10.9	11.0~14.4	>14.4
	女	3.0~5.4	5.5~9.6	9.7~12.9	13.0~16.7	>16.7
6岁	男	1.0~3.1	3.2~7.0	7.1~10.4	10.5~14.4	>14.4
	女	3.0~5.3	5.4~9.5	9.6~12.9	13.0~16.7	>16.7

注：测量值精确到小数点后1位，小数点后第二位不计。

表3-7　3~6岁幼儿走平衡木评分标准　　　　　单位：秒

年龄	性别	1分	2分	3分	4分	5分
3岁	男	48.5~30.1	30.0~16.9	16.8~10.6	10.5~6.6	<6.6
	女	49.8~32.5	32.4~17.4	17.3~10.8	10.7~6.9	<6.9
3.5岁	男	41.1~27.1	27.0~15.1	15.0~9.4	9.3~5.9	<5.9
	女	40.4~27.5	27.4~15.1	15.0~9.7	9.6~6.1	<6.1
4岁	男	33.2~21.6	21.5~11.6	11.5~7.4	7.3~4.9	<4.9
	女	32.2~22.6	22.5~12.3	12.2~8.2	8.1~5.3	<5.3
4.5岁	男	28.4~17.9	17.8~9.7	9.6~6.3	6.2~4.3	<4.3
	女	26.5~18.7	18.6~10.2	10.1~7.0	6.9~4.7	<4.7

续表

年龄	性别	1分	2分	3分	4分	5分
5岁	男	22.2~14.1	14.0~7.9	7.8~5.3	5.2~3.7	<3.7
	女	23.7~14.1	14.0~8.3	8.2~5.8	5.7~4.1	<4.1
5.5岁	男	19.2~12.1	12.0~6.8	6.7~4.6	4.5~3.3	<3.3
	女	20.1~12.6	12.5~7.5	7.4~5.1	5.0~3.6	<3.6
6岁	男	16.0~9.4	9.3~5.4	5.3~3.8	3.7~2.7	<2.7
	女	17.0~10.8	10.7~6.2	6.1~4.3	4.2~3.0	<3.0

注：测量值精确到小数点后1位，小数点后第二位按"非0进1"的原则进位。

二、幼儿动作能力发展的专业评估工具及家庭测试方法

除了对身体素质的评估外，对幼儿动作能力的评估也很重要。幼儿的动作发展遵循一定的规律，动作发展是判断幼儿脑发育正常与否的重要指标。了解幼儿动作发展的优势和不足，可为制定幼儿体育的训练目标提供参考依据。

评估幼儿动作能力有多种方法，其中，评估幼儿粗大动作发展的工具主要是美国的粗大动作发展测试（test of gross motor development，TGMD）[2]，测试对象是3~10岁的儿童，包括身体移动能力和物体控制能力两部分，共计13个项目（表3-8）。

本书根据我国医疗领域专家研制的《0~6岁小儿神经心理发育检查表》[3]，结合国外测评工具，为家长设计了幼儿动作能力家庭测评简易评估表（表3-9），帮助家长了解幼儿的动作能力是否发育正常，评判每个年龄段的动作（包含粗大动作和精细动作），哪些动作已经被掌握，哪些动作还未被掌握。当发现幼儿不能掌握表格中的动作时，家长要为幼儿提供丰富多样的练习机会，传授动作技能，观察幼儿动作能力提升的进程。如果幼儿学习这些基本动作技能时显得很吃力，动作笨拙，且不协调，家长就要有所警觉——幼儿神经系统的发育是不是存在问题？这时家长应该带幼儿去专业医疗机构进行评估排查。

表3-8 TGMD评分表

受试者：_____ 性 别：男□ 女□ 出生日期：____年____月____日
测试者：_____ 测试地点：_____ 测试日期：____年____月____日
优势手：左□ 右□ 优势脚：左□ 右□

粗大动作能力		场地及器材	测试要求	动作标准	测试 1	测试 2	两次测试的和	成绩
身体移动能力	跑步	长 18.3 米的干净场地，2 个标志物	2 个标志物相距 15.2 米，确保终点后有 2.4～3.1 米的安全缓冲距离。让受试者从一端快速跑到另一端，进行第一次评分；受试者返回后，进行第二次评分	1. 胳膊与异侧腿同步运动、肘部弯曲 2. 双脚短暂腾空 3. 非全脚掌着地（脚跟或脚尖着地） 4. 非支撑腿弯曲近 90 度，脚接近臀部				
	前滑步	长 7.6 米的干净场地，2 个标志物	2 个标志物相距 7.6 米。让受试者来回滑步，评分 2 次	1. 双臂弯曲、向前摆动 2. 起滑脚迈一步，尾随脚跟一步（尾随脚位于起滑脚的一侧或稍后方，不能位于前面） 3. 双脚短暂腾空 4. 连续 4 个滑步，有节律性				
	侧滑步	长 7.6 米的干净场地，2 个标志物	2 个标志物相距 7.6 米。试者侧身在标志物间来回滑步，评分两次（两侧各 1 次）。受试者自己决定先滑哪侧	1. 身体侧向站立，肩与地上直线平行（仅对优势侧评分） 2. 起滑脚滑一步，尾随脚跟一步，双脚有短暂的腾空（仅对优势侧评分） 3. 优势侧连续 4 次侧滑步 4. 非优势侧连续 4 次侧滑步				

续表

粗大动作能力		场地及器材	测试要求	动作标准	测试1	测试2	两次测试的和	成绩
	单脚跳	长4.6米的干净场地，2个标志物	2个标志物相距4.6米。让受试者用优势脚连续跳4下（往前），然后重复1次	1. 非支撑腿向前摆动产生动力 2. 非支撑腿的脚要始终放在支撑腿的侧后方，不能放在支撑腿前侧 3. 双臂弯曲，向前摆动产生动力 4. 优势脚连续跳4次				
身体移动能力	小马跳	长9.1米的干净场地，2个标志物	2个标志物相距9.1米。让受试者来回跳，评分2次	1. 左右脚交替单脚跳，连续跳，重心上下移动 2. 胳膊与异侧腿同步运动，肘部弯曲向前摆动提供动力 3. 完成4次连续有节奏的交替跳				
	立定跳远	长3.1米的干净场地，1个标志物或胶带	用标志物或胶带在地上标记起跳线。受试者站在起跳线后，评分2次，尽可能地向远处跳	1. 准备动作：双膝弯曲，双臂向背后伸展 2. 双臂向前上方充分伸展，摆过头顶 3. 双脚同时离地，同时落地 4. 落地时双臂都向下落				

续表

粗大动作能力		场地及器材	测试要求	动作标准	测试1	测试2	两次测试的和	成绩
	击固定球	垒球或直径为10.2厘米的轻质球、垒球棒，击球座或固定架	把球放在受试者腰部高度的击球座或固定架上，让受试者自己拿起球棒，用力将球打出去，测试2次	1. 握棒：优势手在上，非优势手在下 2. 非优势手同侧的肩部和髋部朝向击球方向（正前方） 3. 转身时肩部和髋部同时旋转 4. 非优势脚向前上步 5. 将球击向正前方（上方或下方都不行）				
物体控制能力	单手自落弹起击球	网球、轻质球拍，一面墙	让受试者站在离墙2米的地方，一手握拍，一手持球。受试者自己向地面丢球，球反弹到腰部高度。球弹起时挥拍将球击向墙面，球要碰到墙。测试2次	1. 当球自地面弹起时，球拍后引 2. 非优势脚向前上步 3. 将球击向墙 4. 球拍有随摆动作，摆动到非优势侧肩部高度				
	单手拍球	直径为20.3~25.4厘米的游戏球（3~5岁）或篮球（6~10岁），平坦场地	受试者不要移动脚，单手拍球，至少连续拍4次后抱住球，测试2次	1. 一只手约在腰部高度拍球 2. 用指尖触球，而不是全手掌触球 3. 连续拍球4次，脚不能移动				
	双手接球	直径为10.2厘米的塑料球，长4.6米的空场地，2个标志物	2个标志物相距4.6米，测试者和受试者站各一边。下手投球到受试者的胸前区域，受试者用双手接球，测试2次。注意，测试只有将球投到受试者胸前区域，才能给受试者评分	1. 准备：双臂放在身体前方，肘部弯曲 2. 双臂向前伸出接球 3. 只用手接住球				

续表

粗大动作能力		场地及器材	测试要求	动作标准	测试 1	测试 2	两次测试的和	成绩
	脚踢球	直径为20.3~25.4厘米的塑料球、游戏球或足球，干净场地，胶带或2个标志物	用胶带或标志物在地面上标记2条线。第一条线距离墙6.1米。第二条线（起跑线）距第一条线2.4米，距墙8.5米。把球放第一条线起跑线处，让受试者站在起跑线，助跑后用力将球踢向墙，测试2次	1. 快速、无停顿地接近球 2. 踢球前拉大步幅或是迅速跨跳 3. 支撑腿位于球的侧方或后方（脚距球不能太远） 4. 用优势脚的脚背或脚内侧踢球（不能用脚尖）				
物体控制能力	上手投球	网球，1面墙，胶带，长6.1米的空场地	用胶带在距墙6.1米处标记投掷线。受试者面对墙站在线后，用力向墙扔球，测试2次	1. 先向后挥手臂 2. 髋部、肩部转动，带动投掷手转向异侧 3. 与投掷手异侧的脚向前上步 4. 球脱手后，手有随摆动作，摆到非投掷手面的臀部位置				
	下手投球	网球，1面墙，胶带，长4.6米的干净场地	用胶带在距墙4.6米处标记投掷线，受试者面向墙站在线后，用力用下手方式向墙扔球，测试2次	1. 优势手向下、向后摆动，摆到躯体后侧 2. 与扔球手异侧的腿上步，双脚前后站立 3. 将球向前扔，球直接打在墙上 4. 扔球后，手有随摆动作，至少摆到胸部				

表 3-9　幼儿动作能力家庭测评简易评估表

年龄	粗大动作	是否会	精细动作	是否会
3 岁	双脚同时向前跳		模仿画"十"字	
	双脚交替上楼梯		折纸边角整齐	
4 岁	脚尖抵脚跟沿直线向前走 2 米		模仿画三角形、正方形	
	单脚站立 5 秒以上		会独立穿衣服、穿鞋	
5 岁	变向跑、躲避障碍		会使用筷子夹住花生米	
	单脚向前跳		剪简单图形	
6 岁	单、双脚变换跳跃		画小人，小人有 10 个以上的部位	
	拍球 5 个		模仿写 10 以内的数字	

三、什么是发育性协调障碍？如何简易测评？

由于受到遗传基因、早产、后天养育方式等影响，一些幼儿表现出发育性协调障碍。发育性协调障碍主要表现为粗大动作和精细动作控制困难，在学习新动作时存在一定困难，如运动时笨拙不协调、某些特定动作技能发展迟缓、体位控制和身体平衡能力差。发育性协调障碍还可能对幼儿的日常生活能力、学校学习生活和社交生活产生不良影响。国内外的调查数据显示，截至 2023 年患有发育性协调障碍的儿童的比例为 5% ~ 8%，而且近十年患病率不断增加。针对当前运动不协调的幼儿越来越多的现象，表 3-10 提供了国际上通用的学龄前儿童的发育性协调障碍问卷（developmental coordination disorder questionnaire，DCDQ）[4]，对发育性协调障碍进行早期筛查，帮助家长识别幼儿是否存在发育性协调障碍的问题。问卷包括 15 个与幼儿年龄相关的动作技能，按 1 ~ 5 级标准评分，分别为"完全不符合""有点符合""中等程度符合""相当符合""最符合"。结果根据所有条目的总分进行评定，总分 ≤ 48 分为可能有发育性协调障碍，49 ~ 57 分为疑似发育性协调障碍，总分 ≥ 58 分为正常。

表 3-10 学龄前儿童的发育性协调障碍问卷

此问卷的大部分动作技能，都是有关您孩子手部或者在活动过程中的动作。儿童的协调性原则上每年都会随着年龄的增长而发展。因此，通过与同龄、同性别儿童表现的对比，您将会很轻松地回答以下问题。

在 1、2、3、4、5 中最符合您孩子情况的选项上画 "√"。

与同龄、同性别儿童相比，您的孩子……	完全不符合	有点符合	中等程度符合	相当符合	完全符合
1. 可以将一个大球（足球大小）扔给其他儿童或成年人	1	2	3	4	5
2. 可以用双手接住从 1.5 米（3 岁儿童）或 2 米（4 岁儿童）距离外向他投掷的大球（足球大小）	1	2	3	4	5
3. 可以用脚准确踢中向他滚来的球	1	2	3	4	5
4. 跑步姿势与其他儿童类似，跑步速度相当	1	2	3	4	5
5. 可以自如地移动和变换身体姿势（例如，独自轻松地上下楼梯、上下床、进出浴盆、上下餐椅、玩抢椅子游戏）	1	2	3	4	5
6. 用广口杯子（非吸管水杯）喝水时，水不会溢出	1	2	3	4	5
7. 能够独立使用餐具（如勺子、筷子、叉子）将食物送入自己口中	1	2	3	4	5
8. 握笔的姿势和其他儿童一样，并能在纸上涂写（3 岁儿童）；能模仿画简单的直线或图形（4 岁儿童）	1	2	3	4	5
9. 可以用线将珠子穿成一串	1	2	3	4	5
10. 能将贴纸从纸上揭下，并将不同的图形放到相应形状的位置上	1	2	3	4	5
11. 能够完成拼接游戏（如拼图、乐高积木、普通积木）	1	2	3	4	5
12. 在游戏或体育活动中，能够模仿其他儿童的动作（如宝宝说话游戏，简单的舞蹈、体操动作等）	1	2	3	4	5
13. 可以在游乐设施上玩耍（如爬梯子、滑滑梯）	1	2	3	4	5

续表

与同龄、同性别儿童相比，您的孩子……	完全不符合	有点符合	中等程度符合	相当符合	完全符合
14. 肢体协调（如在日常生活中不会经常摔倒和磕碰）	1	2	3	4	5
15. 当被要求安静地坐着时，能保持坐姿端正（即抬头、挺胸、收腹，且能保持这个姿势，不容易疲劳，不会没精打采，感觉要从椅子上掉下来）	1	2	3	4	5

扫码了解

☑AI家庭运动教练 ☑日常训练课程
☑专家在线指导 ☑亲子运动计划

第四章　知晓运动能力发展规律，　为幼儿制定适宜的发展目标

　　幼儿运动能力发展迅速，家长通过简单测评能够了解幼儿运动能力的发展状况，那么在相应的年龄段中，幼儿的各种运动能力是属于正常，还是属于落后呢？针对各年龄段不同运动能力的幼儿，下一步需要做什么呢？这时候，就需要家长们了解不同年龄段运动能力的发展目标，它可以辅助家长判断幼儿的运动能力发育水平，识别其优势领域和薄弱领域。例如，幼儿的运动能力发育水平落后同龄幼儿6个月以上，就需要及时前往专业机构或医院进行测评并接受指导。此外，幼儿运动能力的发展目标也能够为家庭体育指导指明方向。

一、幼儿运动能力分类

　　已经会走、会跑的幼儿，在3～6岁要学习什么动作技能呢？这个年龄段基本的动作技能主要包括三大类动作，分别为移动动作、姿势稳定性动作、物体控制性动作（图4-1）。

　　移动动作主要反映的是人在空间位置上发生变化，即从一处移动到另一处的能力，如爬、站、走、跑、跳、滑步等。移动动作是动作发展的基础，为发展物体控制性动作奠定基础。

　　姿势稳定性动作主要反映的是人在静态和动态活动中，维持身体稳定性，以及保持身体平衡的能力。例如，在独立坐、单脚站立、踮脚走时保持身体稳定、不晃动的能力。

物体控制性动作反映的是人使用物体完成操控性活动的能力，在幼儿阶段主要指操控球的能力。例如，接球、投球、挥拍（棒）击球、踢球、拍球等。婴幼儿在 11 个月大时才开始掌握这些技能，因此，物体控制性动作具有明显的动作技能习得特点。

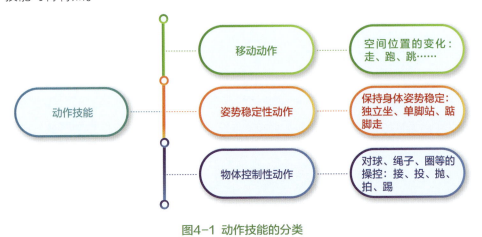

图4-1 动作技能的分类

二、2 岁前婴幼儿的动作发展特点

婴幼儿出生后，运动能力快速发展，多个重要的里程碑动作就发生在婴幼儿 2 岁之前。例如，6 ~ 7 个月会坐，8 个月会爬，11 个月能站，12 ~ 14 个月开始走。这些动作的掌握为婴幼儿探索周围世界，促进大脑皮层发育奠定了基础[5]。家长给予适合他们探索和练习的外部环境，他们就会以惊人的速度掌握一项项新的技能（表 4-1）。

表 4-1 婴幼儿粗大动作发育特点

年龄	头与躯干控制	翻身	坐	爬	站	行走
新生儿			全倾坐			
2 个月	短暂抬头					
3 个月	肘支撑抬头 45 度	仰卧至侧卧				
4 个月		仰卧至俯卧	扶腰坐			
5 个月	手臂支撑抬头 90 度				立位跳跃	
6 个月		俯卧至仰卧	拱背坐			
7 个月	手支撑向后坐		直腰坐		扶站	
8 个月				腹爬		
9 个月			自由变换坐姿		抓站	
10 个月				手膝爬	独站	
11 个月				手脚爬		牵手走
12 个月						独走
18 个月						拉玩具车走
2 岁						跑、跳

三、3～6岁幼儿的动作发展特点

3岁以后，幼儿的动作技能发展又进入了一个关键期。这一时期幼儿处于人生运动能力发展金字塔的中间位置（图4-2），为今后掌握更复杂的动作技能，顺利通过体育课达标测试打下坚实的基础。

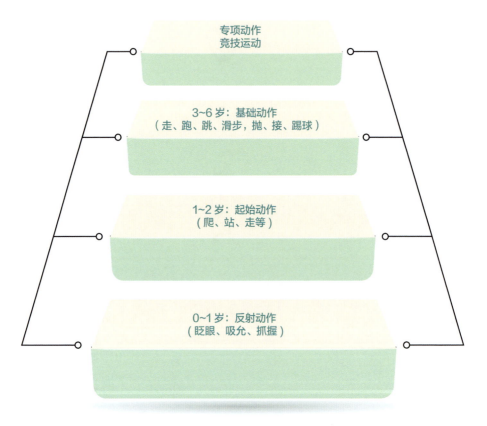

图4-2 人生运动能力发展金字塔

3～6 岁幼儿动作的发展目标见表 4-2 和表 4-3。

表 4-2　幼儿不同年龄段精细动作的发展目标

3～4岁	4～5岁	5～6岁
熟练使用勺子吃饭，开始使用筷子	会用筷子吃饭	熟练使用筷子
握笔：用拇指和食指的指腹握笔	熟练握笔：笔靠在中指第一指间关节上	用笔写 10 以内的数字或汉字
涂涂画画，画"十"字和"0"	涂色画线，画简单图形（三角形、正方形）、人的一部分（头、躯干、四肢）	画完整小人
折纸（长方形、正方形、三角形）	沿边线对齐折纸	折纸（各种形状）
剪贴，沿直线剪	剪直线构成的简单图形，边线吻合	剪曲线构成的简单图形，边线吻合
用小线绳穿大珠子或扣孔	熟练用线穿珠子	用线穿针，会缝纫
将珠子放入直径 5 厘米的瓶中	熟练投硬币	用小刀削铅笔
系上、解开纽扣，在有辅助的情况下简单穿脱衣服、鞋子	独立穿衣、穿鞋	简单使用劳动工具，帮助家长完成简单家务（扫地、收拾碗筷、做面点）
洗脸，洗手，往杯中倒水	刷牙，擦鼻涕	
一页页翻书		
搭 9～10 块积木		

表 4-3　幼儿不同年龄段姿势和粗大动作的发展目标

项目		3～4岁	4～5岁	5～6岁
姿势	站	单脚站 5 秒	单脚站 10 秒左右	单脚站 10 秒以上
	悬吊	双手抓杠悬吊 10 秒	双手抓杠悬吊 15 秒	双手抓杠悬吊 20 秒

项目		3～4岁	4～5岁	5～6岁
粗大动作	走	踮脚走路	脚尖抵脚跟沿直线向前走	脚尖对脚跟往后走
		沿直线或在低矮窄小的物体上走一段距离；手拉玩具四处走	保持平衡，在低矮窄小的物体上走一段距离	在有一定间隔或不稳定的平面（如斜坡、荡桥）上行走
		连续行走1公里	连续行走1.5公里	连续行走2公里或半小时
	上下楼	双脚交替上楼，会下楼	双脚灵活交替上下楼	
	跑	双脚短暂离地跑步	跑、停自如	快速自如地奔跑，手脚协调，可以进行折返跑、变向跑
		快跑15米	快跑20米	快跑25米以上
		在跑步时躲避他人碰撞	追逐、躲闪跑	躲避滚过来的球或扔过来的沙包
	滑步	侧滑步	连续4次侧滑步	前滑步
	跳	双脚向上跳，连续向前跳，平衡但不协调	双脚连续向前跳8米，纵跳摸高20厘米	立定跳远、原地跳的动作成熟
		单脚向前跳2步	单脚连续向前跳5米	单脚连续向前跳8米，左右换脚跳
	翻滚	平躺翻滚	抱头屈膝自然翻滚	前滚翻
	爬	手膝、手脚着地爬行，前后爬	用匍匐、膝盖悬空等多种方式钻爬	手脚并用爬梯子、攀登架、网等
	抛	单手或双手向上抛球	连续自抛自接球	向各方向抛球，两人互抛互接
	接	张开双臂，接住距离自己1.5米处抛来的软球	只用手接住球	两人互抛互接
	投	会用上肢投球，身体有一定扭转	投球姿势成熟，躯干扭转，上肢向后引臂、随摆	投球时上下肢协调，有上步，能控制球的方向，打中靶子
		单手向前投球2米	单手向前投球4米	单手向前投球5米
	拍	非连续拍球	连续拍球5次	边走边拍球
	踢	用脚内侧踢软球，将球踢出去	有力地踢软球，具有一定方向性	踢球射门，边跑边踢

　　不同年龄段的幼儿，运动能力各领域的发展目标不同。例如，5岁的幼儿，应熟练掌握正确的握笔姿势，并且接下来该领域的发展目标是学会书写10以内的数字或汉字，家长需要陪着幼儿多加练习。在这个阶段，若幼儿只会用拇指和食指的指腹握笔，那么幼儿的精细动作发育可能落后，家长需要引起重视（图4-3）。同样，4岁的幼儿应能单脚站立至少5秒，若只能维持1～2秒，提示其平衡能力相对较弱，下一阶段的目标是提升幼儿维持单脚站立姿势的能力，相应地增加下肢力量和平衡能力的锻炼（图4-3）。

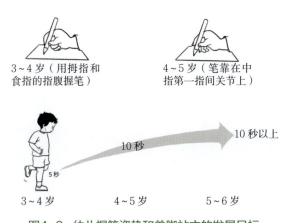

图4-3　幼儿握笔姿势和单脚站立的发展目标

扫码了解

✅ AI家庭运动教练 ✅ 日常训练课程
✅ 专家在线指导 ✅ 亲子运动计划

第五章　幼儿的身体活动量多少合适，记住311运动目标

一天的时间是有限的，当幼儿一天中的静态行为时间过长，相应的，幼儿的运动行为时间与睡眠时间就会被挤压。所以，了解幼儿一天中所需达到的身体活动量，并指导、陪伴幼儿完成相应的活动，是家长应该掌握的。为了促进幼儿身心健康发展，世界卫生组织于2019年发布了《关于5岁以下儿童的身体活动、久坐行为和睡眠指南》[6]，该指南明确了不同年龄段幼儿的运动行为时间、静态行为时间、睡眠时间的推荐量。《中国人群身体活动指南（2021）》[7]（以下简称《指南》）也参照这一国际指南，对我国人群的身体活动提出了建议，其中幼儿部分的建议与世界卫生组织的建议基本相似（图5-1）。

一、身体活动量需充足，一天内"分期付款"也可以

对于幼儿的运动行为，《指南》建议幼儿每天至少花180分钟的时间进行各种强度的身体活动（包括但不限于体育游戏、简单的家务劳动、外出步行等），其中至少有60分钟的充满活力的中、高强度的运动或游戏（幼儿处于心跳加快、呼吸急促、流汗等状态），时间越长越好。需要注意的是，我们不必要求幼儿一次性完成这3小时的身体活动，只要在一天中幼儿的身体活动时间累计能达到3小时，例如每天3次，每次1小时，就能产生一定的健康效益。

二、静态行为越少越好

相较而言，幼儿静态行为则是越少越好，特别是使用电子产品的时间。《指南》建议，幼儿每次的久坐行为，不超过 1 小时；使用电子产品的时间，每天不超过 1 小时，并且越少越好，最好能够不使用。关于幼儿合理使用电子产品的建议参见第八章。

除了对运动行为时间的要求外，对于睡眠时间，《指南》建议幼儿每天要有10 ~ 13 小时的高质量睡眠（包括午睡）身体活动，同时幼儿要有相对固定的睡觉和起床时间。关于提高幼儿睡眠质量的建议参见第八章。

每天各类运动的时间累计 ≥ 3 小时

311
运动目标

每天充满活力的中、高强度的
运动的时间 ≥ 1 小时

每天电子产品使用的时间 ≤ 1 小时

图5-1　311运动目标

第六章 幼儿阶段该练什么——家长应该掌握的10类"魔法"动作

　　幼儿出生后要掌握的动作技能非常多，有的在成长中自然习得，有的则是慢慢学习才能掌握。为了让幼儿以后能够参与各种运动，必须先加强其基本动作技能（fundamental movement skill，FMS）的学习。基本动作技能的良性发展对身体活动习惯、健康体重、有氧耐力、肌肉力量耐力具有积极影响，学习、掌握和巩固基本动作技能是进阶复杂动作技能的前提和基础。本书根据中国幼儿动作发育的特点，借鉴国内外先进理论和经验，经过充分的分析，筛选了10类"魔法"动作，即基本动作技能（图6-1），分别是坐、站、走、爬、跑、跳、接球、投球、踢球、拍球。掌握了这10类基本动作技能，幼儿就容易学习各种运动项目，享受运动的快乐时光。10类基本动作技能的具体练习方式参见本书第七章。

　　以篮球为例，篮球的主要动作看上去是拍球、接球和投球，然而这项运动还包含了其他的动作技能，比如快速跑、多种方向跑、向上跳、站立平衡、移动平衡等，这些动作技能都隐藏在这10类基本动作技能中。总有家长问，5～6岁的幼儿学习什么运动项目好呢？正确的答案就是学习这些基本动作技能，只要幼儿掌握了这些基本动作技能，将来无论是学习何种运动项目，还是完成体育课上的教学任务，都难不倒他们。

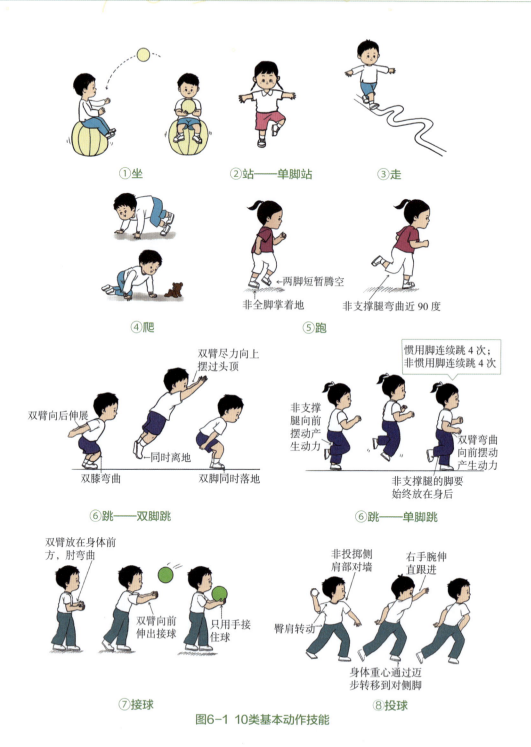

①坐　　②站——单脚站　　③走

④爬　　⑤跑

←两脚短暂腾空

非全脚掌着地

非支撑腿弯曲近 90 度

双臂尽力向上摆过头顶

双臂向后伸展

同时离地

双膝弯曲　　双脚同时落地

⑥跳——双脚跳

惯用脚连续跳 4 次；
非惯用脚连续跳 4 次

非支撑腿向前摆动产生动力

双臂弯曲向前摆动产生动力

非支撑腿的脚要始终放在身后

⑥跳——单脚跳

双臂放在身体前方，肘弯曲

双臂向前伸出接球

只用手接住球

⑦接球

非投掷侧肩部对墙

右手腕伸直跟进

臀肩转动

身体重心通过迈步转移到对侧脚

⑧投球

图6-1 10类基本动作技能

快速接近球　踢球前拉大步　用惯用脚的脚
　　　　　　幅或迅速跨跳　背或脚尖踢球
　　　　　　　　⑨踢球

⑩拍球

图6-1 10类基本动作技能（续）

一、学好基本动作技能，为运动能力的发展奠定基础

本书筛选的 10 类基本动作技能既有移动类动作（走、爬、跑、跳），也有控球类动作（接球、投球、踢球、拍球）和姿势类动作（坐、站）。这 10 类基本动作技能专门为 3 ~ 6 岁幼儿设计，符合他们的发育和理解程度。在这 10 类基本动作技能中，移动类动作中的走、跑和跳是基础动作，控球类动作比移动类动作更复杂，需要视动统合能力、空间位置感知力、手（足）眼协调能力、手脚协调能力。姿势类动作——坐、站的平衡稳定能力，对幼儿发展专注力很有帮助。这些动作的学习掌握可为幼儿将来跑得快、跳得远，学习篮球、排球、足球等运动项目奠定基础。家长若想帮助幼儿实现运动目标，轻松通过小学、中学的体育测试，就应该让幼儿在这一阶段学习基本动作技能，而不是让他们直接进行篮球、足球、羽毛球、乒乓球等专项练习。

在引导幼儿学习基本动作技能上，家长会有顾虑。实际上，只要让幼儿在户外充分地玩耍，跟着年长的玩伴学习动作技能，自然而然就能习得这些动作。但是现如今幼儿能自由、充分玩耍的时间有限，家长又忙于工作、家务没时间陪他们，或者家长本身就不喜欢运动，没有信心教好这些基本动作技能，期望让专业人士教导幼儿，花钱给他们报体育类兴趣班，但结果往往并未让家长满意，幼儿也未能获得相应的能力和素质。那么，与其交给别人，不如自己行动起来，身体力行，帮助幼儿习得基本动作技能。本书设计的基本动作技能的练习方法，方便幼儿在家中练习，易于被幼儿掌握。家长或许能从下面的内容中得到一些灵感，思考如何在日常的玩耍中教导幼儿练习这些基本动作技能。

二、各年龄段 10 类基本动作技能的发展目标

对上述 10 类基本动作技能的学习掌握是一个循序渐进的过程，不同年龄段习得的动作种类、动作的成熟度都是有区别的，指导时要遵循幼儿的发育阶段确定，不能拔苗助长、超前练习。

3～4 岁：跑是自然成熟的动作，幼儿从 2 岁开始跑，到了 3 岁时，90% 的幼儿能双脚同时离地跑起来；能双脚向上跳和向前跳，但动作不太协调，易出现双脚分别起跳与落地的现象；还能双腿交替上下楼梯；能单脚站立 5 秒；喜欢玩球，能接住从近处抛来的软球。

4～5 岁：跑和停比较自如，可以单脚跳跃，平衡能力进一步增强，单脚站立时间延长，能脚尖对着脚跟沿直线向前走。自己能向上抛球并接住；能够向后引臂抛出球。

5～6 岁：幼儿能快速自如地奔跑，上下肢配合协调；平衡能力更好，能在不稳定的地面上行走；会连续拍球，会踢球射门；投球时上下肢更协调，能控制出球的方向，打中靶子。

本书提供了方便测评幼儿跑、拍球动作掌握程度的图片（图 6-2），家长可以定期观察幼儿对动作的掌握程度，根据动作发展要求和幼儿自身的特点，思考如何在日常的玩耍中指导幼儿学习这些动作。

检查宝宝能做到哪里呢？

☐ 前脚掌着地

☐ 非支撑腿弯曲近90度

☐ 上肢屈肘摆动，与下肢异向

检查宝宝能做到哪里呢？

☐ 用指腹触球，而非全手掌

☐ 球的弹起高度可以控制在腰部高度

☐ 能连续拍球4次，脚不移动

图6-2　跑、拍球动作发展检查卡

三、分析每一类动作技能，帮助幼儿有效学习掌握

（一）坐、站、走

按照《人体发育学》[5]陈述的动作发育规律，婴幼儿6~7个月可以独自坐、11个月可以站立、12~14个月可以走。在3~6岁，我们继续让幼儿练习坐、站、走，这主要锻炼幼儿的平衡能力。幼儿前庭平衡功能失常可表现为好动不安、注意力不集中、上课不专心或爱做小动作。平衡能力除遗传因素之外，还取决于后天的体育锻炼，体育锻炼对幼儿平衡能力的发展有积极的促进作用。体育锻炼要循序渐进，逐渐增加难度，支撑面从大到小，由稳定到不稳定，幼儿的重心由低到高，强化幼儿的核心稳定性和平衡能力。

（二）爬

爬是幼儿运动能力发展的重要组成部分。幼儿的爬行动作从低级向高级发展，先是无下肢动作的肘爬或拖爬，然后是有下肢动作的腹爬，再是胸部离开地面、手膝交替的手膝爬，最后是躯干完全离开地面、手和脚交替的手脚爬。幼儿在3~6岁巩固发展各种爬行技能，这有利于锻炼幼儿的平衡能力、核心稳定性、上肢力量以及身体交叉协调性。在练习时，注意示范引导幼儿四肢的位置和交替移动的动作模式，保持腰腹部的稳定。当幼儿熟练掌握多种爬行动作后，还可以增加方向的变换，如向前爬、倒退爬和侧向爬；或者增加爬行路线上的障碍，以增加挑战和趣味性。

（三）跑步

跑步是所有移动运动的基础，我们来分析一下跑步动作，它与脚掌、脚踝、大腿、髋关节、躯干、手臂都有一定关系。有些幼儿可能从来都不曾在户外尽情地奔跑，或者在公园的游乐设施上玩耍，这些幼儿因为跑步的经验少，跑步动作不太流畅，在跑步时，总是会"啪、啪"地用整个脚掌着地。若想改掉这种跑步动作，需要让幼儿把身体重心转移到前脚掌上。但是我们如果直接跟幼儿说"重心放在前脚掌上"，幼儿多半不会理解，这时可以让幼儿先练习向上跳、向下跳、开合跳，体会如何使用前脚掌。另外，还可以增加幼儿光脚走路的机会，增加对脚掌触觉和本体感受器的刺激。只要多练习，幼儿就能改掉"啪啪跑"的习惯。

（四）双脚向前跳

双脚向前跳也是基本的移动类动作。幼儿在 2 岁时可以跳一跳，3 ~ 4 岁跳跃动作逐步成熟，能做到双脚同起同落，起跳前双膝会屈曲做准备动作，甚至逐步学会用手臂的上举和下落来带动身体的腾空和落地，进而增加跳跃的距离。到了 3 岁还跳不起来的幼儿，有可能是下肢肌力不足或者神经肌肉统合能力较弱。这样的幼儿可以先练习上下楼梯，一步一台阶，一方面增加下肢的肌力，另一方面锻炼神经系统对双下肢的控制协调能力。无论是跑还是跳，如果能学会上下肢的配合，将能大大提升跑步速度和跳跃距离。不过学习上下肢的配合对于 3 ~ 4 岁的幼儿来说是个挑战。随着幼儿的成长，到了 5 岁以后，通过家长的示范和自己的体会，幼儿上下肢协同工作的能力会越来越强。

（五）控球类动作

球类运动对幼儿有巨大的吸引力。在参与篮球、足球、排球、乒乓球和羽毛球等球类运动前，幼儿应该学习掌握控球类动作。接球、投球、踢球、拍球四项动作是适合 3 ~ 6 岁幼儿练习的动作，这些控球类动作的学习掌握需要视觉追踪、视空感知、手眼协同和手部操控多个系统的协同工作。相对于移动类动作，控球类动作是比较复杂、更高级的动作技能。一般而言，女童在移动类动作的发展上占优势，而男童则在控球类动作上占优势。家长在开始传授动作技能之前，首先要为幼儿提供充足的自由玩球的机会，帮助幼儿建立兴趣和球感。接下来，练习控球类动作时，可以先从接球开始。有些幼儿在接球时容易出现闭眼、不敢追视球轨迹的现象，这种现象非常正常，家长可以采用改变投球距离和投球速度、用大而轻的球代替硬球的方法来消除幼儿怕被球砸疼的恐惧心理。而投球、踢球、拍球动作技能的习得，不仅需要身体局部部位参与运动，成熟的动作模式更需要四肢与躯干的配合，这是学习的难点。如果采用直接讲解动作要点的方式来传授动作技能，往往不容易被幼儿理解，可以多采用游戏化、情境化的模仿动物的方式来加强练习。

扫码了解

☑ AI家庭运动教练　☑ 日常训练课程
☑ 专家在线指导　☑ 亲子运动计划

第七章　幼儿家庭运动指导方法

一、家庭亲子运动开展原则

幼儿活泼好动，家长陪伴幼儿其实非常消耗体力，十分辛苦。但是陪幼儿玩耍是与幼儿进行身体接触、情感交流沟通的最佳时机，还可以增加家长的身体活动量。幼儿最喜欢爸爸妈妈陪他们玩耍，亲子运动有利于幼儿的健康成长。开展亲子运动的一些建议如下。

（一）运动内容有趣味

幼儿对于动作技能的学习不同于成年人，也不同于小学生，亲子运动动作的设计可以结合幼儿喜爱的卡通人物、游戏情景、角色扮演、韵律儿歌等多种元素，动作任务要难易适度，太难很容易导致幼儿产生挫败感，太容易也会让幼儿很快厌倦。另外，亲子运动的内容要有可变性。不能3周到6周的时间只练习一个动作，单调重复的教学内容容易让幼儿失去兴趣。每一个动作的学习要有多种可变化的练习方式，给幼儿不同的、有趣的任务和挑战，这样他们才会更有兴趣完成。

（二）活动形式游戏化

幼儿处于一个较为活泼好动的时期，而这种特点表现在运动上就是游戏成为受幼儿欢迎的运动形式。游戏符合幼儿的年龄特点，成为幼儿特殊的学习方式。

无论是在智力因素还是非智力因素的发展中，我们都能发现，这种游戏化的运动形式带给幼儿的不仅是心理上、身体上的短暂愉悦，而且在潜移默化中给了他们更愉悦的成长方式。在游戏中我们可以给予幼儿更多的趣味性和更大程度的自主性，培养幼儿更具实践性的动手操作能力。基于以上几点，我们一直致力于将游戏融入幼儿运动中。

（三）尊重幼儿的需求和发育特点

每个幼儿的性格特点和喜好有差异，有的幼儿喜欢美食，有的幼儿喜欢做手工，有的幼儿喜欢在户外跑跑跳跳，有的幼儿喜欢阅读和音乐。家长在了解运动对幼儿生长发育的重要意义后，都会带领幼儿参与一些运动。那么，在运动的选择和设计上，可以融入幼儿的兴趣点，开展如美食＋运动、阅读＋运动、音乐＋运动等多种活动，这样既活动了身体，体验了运动乐趣，又满足了幼儿的不同需求，为从小培养其运动习惯打下基础。另外，家长需要注意，即便是相同的年龄，个体与个体之间运动能力的发展速度也不同，因而需要挑选与幼儿运动能力相匹配的运动内容和方法，不能盲目照搬教科书或者别人的经验。

（四）活动目标以增进情感交流、愉悦身心为主

家长与幼儿开展亲子运动是非常有意义的教养方式。但是有些家长的教育目的性过强，期望通过一次运动让幼儿多学习一些技能，反复让幼儿重复练习，或者教授一些超越幼儿发展阶段的动作，又或者对幼儿的发展有不合理的预期，这样做的结果是幼儿越来越不喜欢运动，亲子关系在运动中出现问题，这违背了开展亲子运动的初衷。关于亲子运动的目标设定，如果您选择了增进亲子关系、培养幼儿的自信心，我们就和您达成了共识。虽然本书为家长开展家庭运动提供了丰富的方法，有助于幼儿学习动作技能，提升身体素质；但是在实施时，我们希望家长以增进亲子关系、增强幼儿的自信心、让幼儿喜欢运动为根本目标。

二、最好上手的家庭亲子运动游戏推荐

（一）提高平衡能力的亲子运动游戏

◎ 游戏 1：不倒翁

游戏目标：促进前庭功能发育，提高平衡能力。

适合年龄：2 岁及以上。

道　　具：无。

动作要领：幼儿的身体随家长转动；家长视幼儿的反应变化转动幅度和速度。

游戏玩法：家长坐在地上或者床上，幼儿盘腿坐在家长双腿间，脊背贴近家长的腹部，双手抱住家长手臂，幼儿随家长躺倒、坐起而翻转身体（图 7-1）。

图7-1 不倒翁

不倒翁

◎ 游戏 2：平衡座椅

游戏目标：提高核心稳定性和平衡能力。

道　　具：椅子 1 把。

适合年龄：2 岁及以上。

动作要领：幼儿从坐姿到站立，逐步增加身体重心的高度；幼儿从双手抓住家长保持平衡到逐步松开，通过调整手臂和躯干的姿势保持身体平衡。

游戏玩法：家长坐在椅子上，让幼儿坐、站在家长的大腿上，然后家长上下、左右调整大腿的位置，幼儿通过调节身体的姿势保持平衡，不要滑下去（图7-2）。

图7-2　平衡座椅

平衡座椅

◎ 游戏 3：骑马

游戏目标：提高核心稳定性和平衡能力。

道　　具：无。

适合年龄：2 岁及以上。

动作要领：幼儿坐在家长（马）身上时，从手扶家长到松手，循序渐进提高平衡能力。

游戏玩法：家长手膝位跪地，幼儿坐在家长的背上，双手轻扶家长，家长通过改变动作幅度和姿态来锻炼幼儿的平衡能力。待幼儿能稳定身体并保持平衡后，家长手膝爬，进一步锻炼幼儿在移动物体上的平衡能力（图 7-3）。

图7-3　骑马

骑马

◎ 游戏 4：坐公交

游戏目标：提高核心稳定性和平衡能力。

道　　具：无。

适合年龄：3 岁及以上。

动作要领：幼儿先坐在家长脚上，再站到家长背上，循序渐进提高平衡能力。

游戏玩法：家长趴在地上，屈小腿，脚掌朝上，将脚掌作为公交车的座位，让幼儿坐在脚掌上，家长向前或向后爬行和晃动。进阶玩法，幼儿站在家长背上，家长晃动身体，向前爬行，进一步挑战幼儿的平衡能力（图 7-4）。

图7-4　坐公交

坐公交

◎ 游戏5：拯救小球

游戏目标： 提高移动中的姿势控制与平衡能力。

道　　具： 泡沫砖2块、小球4个。

适合年龄： 3岁及以上。

动作要领： 幼儿在泡沫砖上移动并保持身体平衡。

游戏玩法： 幼儿双脚站在泡沫砖上，交替移动2块泡沫砖，幼儿随之移动，始终踩在泡沫砖上，并将散落在地上的小球一一捡回，完成拯救小球的任务（图7-5）。

图7-5　拯救小球

拯救小球

（二）强化移动类动作技能的亲子运动游戏

1. 爬

◎ 游戏6：小刺猬避雨

游戏目标：强化爬行动作技能，提高协调性、灵敏性和空间感知觉。

道　　具：无。

适合年龄：2岁及以上。

动作要领：幼儿手膝爬，四肢快速交替移动，躯干稳定。

游戏玩法：家长手脚（或手膝）撑地、幼儿手膝撑地在地上爬行，四处找寻"果子"吃。突然开始"下雨"，幼儿迅速爬到家长肚子下面躲雨。家长改变方向和速度继续爬行试图摆脱幼儿，幼儿注意观察家长的位置，追随家长爬行，始终躲到家长肚子下面（图7-6）。

图7-6　小刺猬避雨

小刺猬避雨

◎ 游戏 7：四面爬吃果果

游戏目标： 强化爬行动作技能，提高协调性和空间感知觉。

道　　具： 小沙包 4 只。

适合年龄： 3 岁及以上。

动作要领： 幼儿手脚爬，四肢交替，躯干稳定，在爬行中头和躯干的朝向始终稳定。

游戏玩法： 在场地中用小沙包（果子）摆出正方形的四个顶点，幼儿沿正方形的四条边依次爬行，也可以以正方形的中心点为起点，向前、向后、向侧爬，遇到"果子"假装吃一下（图 7-7）。

图7-7　四面爬吃果果

四面爬吃果果

2. 走

◎ 游戏 8：平衡大师

游戏目标： 提高移动中的平衡能力。

道　　具： 长绳 1 根、障碍物若干。

适合年龄： 3 岁及以上。

动作要领： 幼儿双脚交替踩绳前行，控制身体晃动的幅度，可以伸开双臂辅助保持身体平衡。

游戏玩法： 将长绳摆成直线或曲线，幼儿双脚一前一后交替踩在绳子上向前移动，双臂伸开帮助身体保持平衡。进阶玩法，在绳上设置障碍物，幼儿跨、钻过障碍物，继续沿着绳子前行（图 7-8）。

图7-8　平衡大师

平衡大师

◎ 游戏 9：跳岛寻宝

游戏目标： 提高上下肢的协调性和平衡能力。

道　　具： 呼啦圈 2 个，小沙包若干。

适合年龄： 4 岁及以上。

动作要领： 双脚跳到目标物上，保持身体平衡。

游戏玩法： 幼儿移动两个呼啦圈，双脚在"小岛"上（呼啦圈中）跳来跳去，不断移动身体，向"宝物"（小沙包）接近，将散落在"水中"的宝物取回，完成"跳岛寻宝"的任务（图 7-9）。

图7-9　跳岛寻宝

跳岛寻宝

3. 跑步

◎ 游戏 10：快递员

游戏目标： 提高跑步速度和灵活转向能力。

道　　具： 小沙包若干。

适合年龄： 3 岁及以上。

动作要领： 幼儿跑步蹬地摆臂，折返时控制移动速度和身体重心方向，做到快速折返。

游戏玩法： 在场地内设置起点和终点，间隔 5 米左右，起点和终点放置"包裹"（小沙包）各 10 个，家长和幼儿站在场地中间，比赛开始后分别向起点或者终点跑，取到"包裹"后送到另一端，然后快速返回继续取"包裹"，30 秒为一轮，结束后看谁送的"包裹"多（图 7-10）。

图7-10　快递员

快递员

◎ **游戏 11：躲光影**

游戏目标：提高灵敏性与视追踪能力。

道　　具：手电、头灯或者镜子。

适合年龄：4 岁及以上。

动作要领：幼儿通过快速向左或向右的移动以及变换身体的高度逃脱影子的追逐，或者追逐影子。

游戏玩法：家长利用手电、头灯，在墙壁上用手势做出各种影子造型，调整影子的速度和方位，追逐幼儿或躲避幼儿的追逐（图 7-11）。

图7-11 躲光影

躲光影

◎ 游戏 12：捉尾巴

游戏目标： 提高跑动能力与灵敏性。

道　　具： 胶带、手绢或其他可以当做"尾巴"的东西。

适合年龄： 3 岁及以上。

动作要领： 幼儿在跑动中变换身体的方向调整重心，不摔倒。

游戏玩法： 家长将"尾巴"粘在自己的屁股上，面向幼儿来回移动，幼儿追随家长移动并努力捉住家长的"尾巴"，捉到"尾巴"后交换角色。多人游戏时，每个人都可粘条"尾巴"，互相捉"尾巴"（图 7-12）。

图7-12　捉尾巴

捉尾巴

4. 侧滑步

◎ 游戏 13：小螃蟹搬运工

游戏目标：强化侧滑步动作技能，提高协调性。

道　　具：小沙包若干。

适合年龄：3 岁及以上。

动作要领：幼儿用与移动方向相同的腿蹬地，侧向移动，另一条腿跟随，身体腾空滑行，双臂在身体两侧打开，像小螃蟹。滑到目的地后，身体方向不变，换另一条腿蹬地，滑步折返。

游戏玩法：玩法同"快递员"，但采用侧滑步的方式进行。家长和幼儿进行比赛，30 秒为一轮，看谁搬运的"包裹"（小沙包）多（图 7-13）。

图7-13 小螃蟹搬运工

小螃蟹搬运工

5. 跳跃

◎ 游戏 14：摘星星

游戏目标： 学习双脚同时向上跳的动作技能。

道　　具： 纸做的"星星"若干。

适合年龄： 2 岁及以上。

动作要领： 幼儿跳前屈膝，起跳时双脚同时发力，腾空时手臂上举，带动身体腾空，落地时屈膝缓冲。幼儿做动作之前，建议家长给予示范。

游戏玩法： 家长手里拿着"星星"，举起"星星"鼓励幼儿向上跳去摘"星星"。"星星"的高度根据幼儿的跳跃能力而变化，由低到高，让幼儿有可能够到（图 7-14）。

图7-14　摘星星

摘星星

◎ 游戏 15：空降兵

游戏目标：学习向下跳的动作技能，提高平衡能力。

道　　具：矮桌 1 张或椅子 1 把，垫子 1 块。

适合年龄：2 岁及以上。

动作要领：幼儿从高处跳下，落地时能屈膝缓冲并保持身体平衡。

游戏玩法：幼儿从桌子或椅子上向下跳，地面上铺设确保安全的着陆垫。家长可以调整落点的远近和起跳的高度来增加挑战性（图 7-15）。

图7-15　空降兵

◎ 游戏 16：青蛙跳远

游戏目标：学习双脚同时向前跳的动作技能，提高协调性，增强下肢爆发力。

道　　具：卷尺、胶带或绳子。

适合年龄：3 岁及以上。

动作要领：幼儿屈膝，手臂后摆，双脚同时发力起跳，手臂向上伸展，带动身体向前腾起，落地时屈膝缓冲，手臂下落，维持身体平衡。

游戏玩法：用胶带或绳子摆出"V"形的河岸，幼儿由窄到宽跳跃小河，家长可以用卷尺量出幼儿的跳跃距离。幼儿有多次机会挑战最好成绩，与同伴比赛跳跃会更有趣（图 7-16）。

图7-16　青蛙跳远

青蛙跳远

◎ 游戏 17：小袋鼠跳圈

游戏目标： 提高双脚连续、有节奏跳跃的能力和协调性，增强下肢力量。

道　　具： 呼啦圈若干。

适合年龄： 3岁及以上。

动作要领： 幼儿跳跃时身体重心稍稍靠前，手臂自然摆动助力，双脚同起同落，有节奏，跳跃连贯。

游戏玩法： 用呼啦圈摆成不同路线，如直线、曲线、"Z"形等，幼儿依次跳过（图7-17）。

图7-17　小袋鼠跳圈

小袋鼠跳圈

◎ 游戏 18：独脚兽

游戏目标：学习单脚跳的动作技能，提高协调性、平衡能力，增强下肢力量。

道　　具：小沙包若干。

适合年龄：4 岁及以上。

动作要领：幼儿单脚跳，非支撑腿放在支撑腿侧后方，跳跃时手臂摆动助力、身体腾空。

游戏玩法：在场地内设置起点和终点，间隔5米左右，起点和终点放置"果实"（小沙包）若干，幼儿和家长扮演独脚兽，单脚跳去捡"果实"，取到"果实"后送到另一端，然后快速返回继续取"果实"，30秒为一轮，结束后看谁捡的"果实"多。游戏期间，幼儿和家长全程单脚跳，幼儿可以换脚（图7-18）。

图7-18　独脚兽

独脚兽

（三）强化控球类动作技能的亲子运动游戏

1. 球感练习

◎ 游戏 19：抛接球

游戏目标： 提高对球的追视和手部操控球的能力。

道　　具： 气球或者纱巾团成的球 1 个。

适合年龄： 3 岁及以上。

动作要领： 幼儿向上抛球；抛球高度从低到高循序渐进，熟练后可以尝试拍手后再接球的进阶玩法。与家长互抛球时，幼儿要有伸手接球的准备动作和伸手迎球的接球动作。

游戏玩法： 幼儿双手将球向上抛起和接住；家长和幼儿互相抛球，距离由近到远，强化幼儿用手迎球、接球的动作技能（图 7-19）。

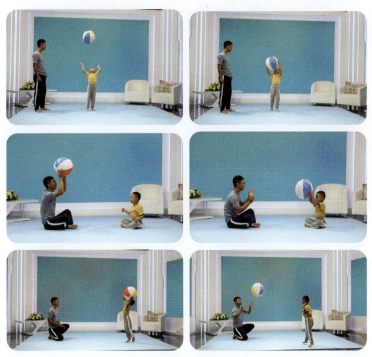

图7-19　抛接球

抛接球

61

◎ 游戏 20：排球大战

游戏目标： 提高手眼协调能力，体会手部触球的感觉。

道　　具： 气球 1 个、绳子 1 条。

适合年龄： 3 岁及以上。

动作要领： 幼儿使用身体任意部位将气球垫起，可以用手拍击、脚踢、头顶等多种动作垫球。

游戏玩法： 幼儿用双手和单手垫球，使气球不落地，体会手部触球的感觉；爸爸和妈妈可以一起参与，互相传球、垫球，尽量不让气球落地，还可以用绳子将场地分开，家长和幼儿各站一边，将气球打给对方，对方将气球垫起并打回来，双方可以记分，球落地对方得分（图 7-20）。

图7-20　排球大战

排球大战

2. 接球

◎ 游戏 21：接住跳跳球

游戏目标：提高手眼协调能力和视动统合能力。

道　　具：小篮球 1 个、呼啦圈若干。

适合年龄：3 岁及以上。

动作要领：幼儿接球时双脚开立，屈臂于胸前，来球时手臂主动前伸迎球。

游戏玩法：家长和幼儿面对面站立，家长将球击地反弹给幼儿，幼儿双手接住球后再将球击地反弹给家长。随着幼儿对球的控制力增强，传球距离可以逐渐加大。进阶玩法为定点反弹球和移动反弹球，即在地面上摆放 1 个或多个呼啦圈，将球的反弹点控制在呼啦圈里（图 7-21）。

图7-21　接住跳跳球

接住跳跳球

◎ 游戏 22：守门员

游戏目标：提高手眼协调能力。

道　　具：软球或者球形绒毛玩具 1 个。

适合年龄：3 岁及以上。

动作要领：幼儿眼睛始终盯着球，球抛出前小臂微屈准备接球，球抛出后伸手迎球，必要时移动身体。开始练习时可以允许幼儿用手臂和身体接球，熟练后逐步练习用双手直接接住球。

游戏玩法：设置一个球门和一块防守区域，家长抛球，幼儿用手或者身体接球，每接住一次得一分。家长和幼儿可以交换角色进行游戏。抛球的距离根据幼儿的能力，从近到远逐步调整，以确保幼儿能接住 50% 的球（图 7-22）。

图7-22　守门员

守门员

3. 投球

◎ 游戏 23：打靶能手

游戏目标：学习上手投球的动作技能。

道　　具：小软球若干、目标物若干。

适合年龄：4 岁及以上。

动作要领：投球时，幼儿身体侧向站立，投掷侧的肩膀向后，非投掷侧的肩膀向前，拿球的手向后引。投球时躯干转动，同时投掷侧的手臂从后向前挥摆投球，球出手后投掷侧的腿还可以上前一步随动。出球方向用手腕和手指控制。

游戏玩法：用小软球向目标物（垫子、绒毛玩具、篮子、靶子等）投掷，击中目标物得分。还可以设置不同得分线，家长和幼儿交替投掷，比谁得分高（图 7-23）。

图7-23　打靶能手

打靶能手

◎ 游戏 24：欢乐投球

游戏目标：学习投球的动作技能，增强上肢力量。

道　　具：小软球若干和障碍物 1 个。

适合年龄：4 岁及以上。

动作要领：投掷动作同"打靶能手"，加强躯干转动，上下肢配合发力，以便将球投过更高更远的障碍物。

游戏玩法：家长和幼儿站在障碍物（竖立的垫子、桌子、网子等）两侧，分别向对方领地内投掷软球，看看谁投过去的多；逐渐加高、加宽障碍物（图7-24）。

图7-24　欢乐投球

欢乐投球

4. 踢球

◎ 游戏 25：点球大战

游戏目标：学习踢球的动作技能，提高足眼协调能力。

道　　具：小足球 1 个，小球门 1 个或标志桶 2 个。

适合年龄：4 岁及以上。

动作要领：幼儿先练习原地站立踢球的动作。支撑脚在球的斜后方，另一条腿向后摆动，用脚内侧或者脚背触球中部，将球踢出去。熟练后再练习跑动踢球的动作，即快速助跑接近球，支撑腿向前跨一步，踢球腿摆动将球踢出去。最后，设立球门，控制踢球的方向。

游戏玩法：设置一个小球门或者目标物，家长和幼儿交替踢球入门，每次进球可得分。还可以设置不同的得分线，距离越远得分越高，比比谁得分高（图7-25）。

图7-25　点球大战

点球大战

◎ 游戏 26：横扫千军

游戏目标：提高足眼协调能力。

道　　具：小足球 1 个、目标物若干。

适合年龄：4 岁及以上。

动作要领：掌握好脚触球的部位（向前踢球中部，向上踢球下部），幼儿用脚内侧或者脚背触球，控制好踢球的方向。

游戏玩法：在场地内摆放一些能立起来的物体（标志桶、瓶子、纸杯等），幼儿踢球将它们撞倒。家长注意提醒幼儿正确的触球部位（图 7-26）。

图7-26　横扫千军

横扫千军

5. 拍球

◎ 游戏 27：拍球比多

游戏目标： 学习拍球的动作技能，提高手眼协调能力。

道　　具： 小篮球和呼啦圈各 1 个。

适合年龄： 5 岁及以上。

动作要领： 幼儿原地双手或者单手拍球，双脚开立略宽于肩，微屈膝。拍球时上臂靠近身体，以肘关节为支点连续拍球，手指微屈曲，用五指触击球，将球反弹的高度控制在腰部高度。

游戏玩法： 幼儿先体会双手或者单手将球拍击反弹起来的感觉，逐步控制拍球的力量，并控制球反弹的高度；能连续拍球后，注意掌握正确的拍球动作要领。动作熟练后增加难度，设置呼啦圈，让幼儿将球的落点控制在圈内，记录连续拍球次数，鼓励幼儿创造个人最佳成绩（图 7-27）。

图7-27　拍球比多

拍球比多

◎ 游戏 28：拍球打卡

游戏目标： 提高手眼协调能力和同时完成多项任务的能力。

道　　具： 篮球1个、呼啦圈若干。

适合年龄： 5岁及以上。

动作要领： 单手拍球，拍球动作与走路协调配合，能连续不中断运球移动到指定位置。

游戏玩法： 将若干呼啦圈随意摆放在房间里，给幼儿指令，比如将球移动到不同颜色的呼啦圈中，幼儿拍球移动到指定位置完成打卡后返回（在每个呼啦圈里至少拍球一次）（图7-28）。

图7-28　拍球打卡

拍球打卡

（四）妙用居家生活用品，开展亲子体育活动

1. 身体

◎ 游戏 29：钻洞洞

游戏目标：强化钻、爬的动作技能，提高空间感知觉、协调性和灵敏性。

道　　具：无。

适合年龄：2 岁及以上。

动作要领：幼儿四肢协调运动完成钻、爬动作。

游戏玩法：家长一个人或者两个人一起，用身体组成幼儿可以通过的"洞"，幼儿观察后快速调整身体姿态钻爬过"洞"（图 7-29）。

图7-29　钻洞洞

钻洞洞

◎ 游戏 30：小推车

游戏目标：增强上肢和核心力量。

道　　具：标志桶或其他标志物若干、小球若干、小盒 1 个。

适合年龄：2 岁及以上。

动作要领：幼儿依靠手臂力量爬行一段距离，爬行时收腹挺腰，腰腹部肌肉收紧。

游戏玩法：家长扶住幼儿的膝部或脚踝，幼儿向前爬行。如果幼儿力量足够，达到终点后可以单手支撑，另一只手取小球放入小盒中，这样可以增加趣味性。如果家中有两个幼儿，可以开展比赛（图 7-30）。

图7-30　小推车

小推车

2. 枕头

◎ 游戏 31：小勇士冲锋

游戏目标： 增强身体力量，提高稳定性。

道　　具： 枕头 1 个。

适合年龄： 3 岁及以上。

动作要领： 幼儿助跑加速后用肩膀撞击家长所持的枕头。

游戏玩法： 家长坐在地上，用枕头挡住身体。幼儿助跑加速后用肩膀撞击枕头，家长和幼儿使劲推枕头，看谁力气大（图 7-31）。

图7-31　小勇士冲锋

小勇士冲锋

◎ 游戏 32：躲避巨石

游戏目标：提高协调性和灵敏性。

道　　具：枕头 1 个。

适合年龄：4 岁及以上。

动作要领：幼儿根据枕头的落点做出跑步、滑步、躲闪等动作。

游戏玩法：两位家长相距 4 ~ 6 米，幼儿站在中间，观察家长抛出的枕头，灵活躲避（图 7-32）。

图7-32　躲避巨石

躲避巨石

3. 绳子

◎ 游戏 33：钓鱼

游戏目标：增强上肢力量，强化拉拽的动作技能。

道　　具：长绳 1 根、小沙包 1 个。

适合年龄：4 岁及以上。

动作要领：幼儿双手交替拉拽绳子，开始时一位家长可以协助幼儿，示范拉拽动作，并让幼儿体会全身协调用力。

游戏玩法：用长绳系住小沙包作为鱼线和鱼饵，幼儿站在沙发（床）上将鱼线抛出，家长匍匐在地，用双手抓住小沙包，幼儿用力将"大鱼"拉拽上岸（图7-33）。

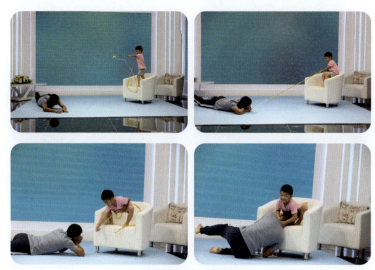

图7-33　钓鱼

钓鱼

◎ 游戏 34：我最灵活

游戏目标： 提高灵敏性、协调性，增强下肢力量。

道　　具： 长绳 1 根。

适合年龄： 3 岁及以上。

动作要领： 幼儿双脚或者单脚起跳，手臂上摆助力，跳过长绳，随后快速降低重心，从长绳下面钻过。

游戏玩法： 两位家长分别拉住长绳两端，或将长绳一端固定，一位家长拉住另一端。长绳离地 20 ～ 40 厘米。幼儿快速跳过长绳后从长绳下钻过，连续进行。家长根据幼儿体能情况计次或者计时（图 7-34）。

图7-34　我最灵活

我最灵活

4. 纸盒

◎ 游戏 35：建筑师

游戏目标： 增强核心力量，提高协调性。

道　　具： 纸盒 2 个、积木块若干。

适合年龄： 3 岁及以上。

动作要领： 双手或双脚同时向前的手脚爬动作。

游戏玩法： 幼儿手脚位趴在地上，将双手放在一个纸盒中，双脚放在另一个纸盒中，交替移动双手和双脚，像推土机一样，将散落在地上的"建筑材料"（积木块）推到指定位置，完成建筑物的搭建（图 7-35）。

图7-35 建筑师

建筑师

◎ 游戏 36：过沼泽

游戏目标：强化跨越、跳跃的动作技能，提高平衡能力和专注力。

道　　具：障碍物若干。

适合年龄：3 岁及以上。

动作要领：幼儿跨越、跳跃障碍物时，躯干保持稳定。

游戏玩法：将高矮、宽窄不一的纸盒（或纸袋、箱子等）摆放成一条直线或者曲线，幼儿小心地跨过或跳过纸盒，到达目的地，完成任务（图 7-36）。

图7-36　过沼泽

过沼泽

5. 床单

◎ 游戏 37：驴打滚

游戏目标：促进前庭觉、触觉发育，提高平衡能力。

道　　具：床单。

适合年龄：2 岁及以上。

动作要领：幼儿直体侧滚，头和躯干主动转动带动全身转动，注意翻滚时手臂贴近身体两侧放置，防止滚动时扭伤。

游戏玩法：幼儿侧躺后拉住床单一角，侧滚将自己裹起来。家长抓住床单另一角，用力抖动床单，使幼儿侧滚回原来的位置（图 7-37）。

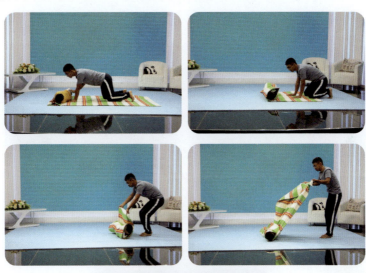

图7-37　驴打滚

◎ 游戏 38：拔河

游戏目标：增强上肢力量，提高全身协调用力的能力。

道　　具：床单。

适合年龄：3 岁以上。

动作要领：幼儿双手交替用力拉拽床单，使用腰腹部力量，并移动身体重心来辅助用力。

游戏玩法：幼儿和家长各抓住床单一端，幼儿可以邀请其他家人一起用力，将对方拉过来（图 7-38）。

图7-38　拔河

拔河

（五）如何制订家庭亲子运动计划

如何使用本书推荐的亲子游戏与幼儿一起经常动起来呢？不妨制订一个家庭亲子运动计划。循环法是我们建议的有效方法，即家长每天拿出 10 分钟时间与幼儿做这些亲子运动游戏，根据幼儿的兴趣和能力，循环巩固，逐步递进，这样幼儿的运动兴趣和能力会不断提升。每日的游戏内容要有变化，一边学习新动作技能，一边巩固已学的动作技能，这样比起每天练习同样的项目，幼儿更有新鲜感，更能坚持下去！下面以一周为一轮，举例说明家庭亲子运动计划的制订方法（表 7-1）。

表 7-1　家庭亲子运动计划

时间	亲子运动游戏 10 ~ 20 分钟	户外活动 60 分钟以上
周一	提高平衡能力的亲子运动游戏； 强化移动类动作技能的亲子运动游戏	
周二	提高平衡能力的亲子运动游戏； 强化控球类动作技能的亲子运动游戏	
周三	提高平衡能力的亲子运动游戏； 强化移动类动作技能的亲子运动游戏	玩耍、跑跳、骑车、滑滑板、参与球类运动等，运动强度达到呼吸心跳加快、出汗的程度
周四	强化移动类动作技能的亲子运动游戏； 强化控球类动作技能的亲子运动游戏	
周五	强化移动类动作技能的亲子运动游戏； 强化控球类动作技能的亲子运动游戏	
周六	运动大闯关： 可以将提高平衡能力的、强化移动类动作技能的、强化控球类动作技能的亲子运动游戏组合起来，设计编创运动闯关组合游戏。父母和家人一起参与	公园游玩
周日	和家人一起观看体育比赛	爬山

扫码了解

第八章　幼儿家庭体育相关知识

一、积极应对幼儿运动安全问题——学习科学理念和防护知识

在开展丰富多彩的运动时，幼儿的运动安全尤为重要。但是因为怕幼儿受到伤害就回避运动，这样的做法也是不可取的。家长们应采取应对措施，消除危险因素，这样既能促进幼儿身心健康的发展，又能保证幼儿的运动安全。

（一）检查运动着装，佩戴护具

幼儿穿着轻便的衣服、大小合适的鞋子才能舒适地运动。家长要注意幼儿的鞋带是否松动，衣服是否带有尖锐装饰物或细绳，这些都有可能在运动中给幼儿带来伤害。在进行骑车、滑滑板、滑冰等易于摔跤的运动时，一定要佩戴头盔、护膝、护肘、手套和护目镜等，全方位保护幼儿的安全。

（二）检查运动场地，确保器械安全

运动场地可能存在安全隐患，特别是一些细小的东西，如钉子、小树杈等都可能威胁幼儿的安全。在家里运动时，如果空间过于狭窄，家具锋利的边缘和轮廓也会带来危险。如果器械存在年久失修、破损和松动等情况，家长就要特别注意。

（三）关注天气变化，提前应对

户外活动和天气情况息息相关。雨天记得带伞，晴天注意防晒，冷天做好保暖。提前关注天气情况，就能自如应对不同情况。另外，幼儿体温调节能力较差，不宜在酷热或寒冷的户外长时间活动。

（四）运动循序渐进，合理安排

运动前要做充分的热身，避免引起肌肉抽筋、关节扭伤等。每个幼儿对运动负荷的承受程度不同、身体状况不同，不应一味与同伴比较，要根据其自身情况循序渐进，慢慢增加身体活动量，幼儿相较于自身的点滴进步都值得称赞。

（五）关注幼儿变化，及时应对

家长陪伴幼儿的同时也要密切关注幼儿在运动中的变化，如面色、出汗量、呼吸、动作、情绪、注意力等。幼儿有时不会主动诉说自己的身体不适或疲惫，家长尽早发现幼儿在运动中的异常状况极为重要，这样可以避免幼儿因身体不适而出现的危险状况。

（六）培养幼儿的安全意识

平日里，家长也要经常给幼儿灌输运动安全常识，一切以安全为前提，让幼儿认识到安全的重要性，并教授幼儿避免运动损伤的正确方法，学会保护自己。

二、让幼儿做一些家务，提高身体协调能力，增强大脑执行功能

（一）家务活动的价值

家务活动是幼儿成长的必修课，其价值远远超过做家务本身。家务活动不仅能够锻炼幼儿的精细动作技能，促进肌肉骨骼发育，还能够磨炼意志品质，培养独立的生活能力，促进幼儿身心全面发展。

1. 促进手眼协调能力，增强身体协调性和肌肉力量

我们都知道，指尖有着大量密集的神经末梢，幼儿能通过手指感知、探索世界。手部操控类家务活动能够锻炼幼儿的手眼协调能力，如打鸡蛋需要幼儿握住筷子，沿着顺时针，把握好力度、节奏，来回上下地搅拌；削苹果皮需要幼儿沿着苹果的弧形轮廓操作，熟练后可以使削下的苹果皮连续不断。这些活动均需要幼儿较好地控制手部动作，对于其日后写字、绘画均有所助益。

身体移动类家务活动能够增强幼儿的身体协调性和肌肉力量，同时增加幼儿的身体活动量，如扫地、擦地要求幼儿四肢协调配合，控制扫把或抹布在较大的空间中进行劳动。

2. 学会合理规划任务

除了可以锻炼身体外，每一项看似简单的家务活动，还需要幼儿积极动脑设计目标和完成步骤——第一步做什么，第二步、第三步做什么，使其分清任务的主次，同时培养幼儿分类和归纳的意识。例如，吃饭前摆放餐具，幼儿需要知道用餐的人数，要摆几套餐具，每套餐具包括什么，碗、筷子、勺子的配套和摆放位置；换季收拾衣物，幼儿需要想好哪些衣服需要收起来，怎么折叠衣物，收纳放置在何处，哪些衣服需要拿出来，甚至可以规划自己的穿搭。又如，幼儿对扫地感兴趣，家长可以进行简单的讲解和演示，即如何操控扫把、簸箕，扫地的方向，垃圾的收集等。

3. 促进大脑执行功能的发展

幼儿参与家务活动是训练大脑执行功能的重要方法之一。大脑执行功能是幼儿为完成任务，有计划地集中注意力，记住指示并成功处理多项任务的认知过程，是大脑的一项高级认知功能。大脑执行功能使幼儿在完成任务时保持专注，能够调节自己的情绪，学会控制和管理时间，养成良好的学习、生活习惯，快速适应新环境，这将与幼儿以后的学业成绩、人际关系、事业成就等密不可分。

（二）让幼儿帮忙做家务的注意事项

1. 针对幼儿的年龄特点，选择适合的家务活动

不同年龄段幼儿的认知、运动能力的发育情况不同，家长可以根据幼儿的年龄和家庭实际情况选择适合幼儿的家务活动（表8-1）。例如，幼儿蹒跚学步时，开始把自己的脏衣服放入指定的脏衣篓；4～5岁时，慢慢学习洗手帕、小毛巾；随着年龄增长逐渐"加码"，6～7岁学龄前期，可以独立洗袜子、晾晒衣服。起初，幼儿可以在家长的指导下学习各类家务活动，直至能够独立完成，再渐渐增加难度。

表 8-1　适合不同年龄段幼儿的家务活动

2～3岁	4～5岁	6～7岁
• 把玩具放回玩具箱	• 整理玩具、图书	• 晾衣服
• 把书放回矮书架	• 洗毛巾、手帕	• 洗袜子
• 把脏衣服放入脏衣篓	• 垃圾分类	• 收、倒垃圾并分类
• 把垃圾扔进垃圾桶	• 分类叠放衣服	• 整齐叠放衣服并分类
• 简单叠放衣服	• 铺床、叠被子	• 扫地、拖地
• 摆放拖鞋	• 摆放餐具、刷碗	• 给卫生间换纸
• 帮助家长拿取物品	• 喂养小动物	• 整理、清洁房间
• 擦墙角、地板灰尘	• 浇花	• 削皮（土豆、苹果等）
• 在家长辅助下制作面食	• 擦水渍、门把手	• 洗菜、择菜、切菜
• 剥豆子、香蕉皮	• 准备小点心	• 做水果沙拉

2. 家长积极鼓励和支持，共同参与家务活动

第一，家长在进行家务活动时应保持轻松、快乐的状态，幼儿可能会被家长的状态、感兴趣的事物所吸引，逐渐融入家务活动中。第二，在幼儿体验家务活动时，家长应多鼓励幼儿，增强其成就感、自信心。幼儿能够完成基本过程即可，家长对于其动作的准确性不必苛责，不要过多批评或要求过高，以免挫伤幼儿参与家务活动的热情和积极性。起初，幼儿可能容易放弃学做家务活动，家长要有耐心，陪伴幼儿一起做，教会幼儿不要轻易放弃。

3. 为幼儿准备一些合适的工具

家长可以为幼儿准备一些家务活动的工具，如小围裙，以增加做家务的仪式感。轻便的小扫帚、小抹布更适合幼儿使用；饺子模具可以使饺子的形状更美观，增强幼儿的成就感，家长不要害怕浪费面粉等材料。

4. 注意安全

家长大胆放手让幼儿尝试家务活动的同时，也要注意规避一些相对危险的活动，如爬高擦窗户、使用燃气灶、触碰电源插座、端热水、使用锋利刀具等。

（三）家务运动游戏

对于幼儿而言，生活就像游戏，家务活动无疑也是幼儿的运动游戏，下面是一些我们推荐的家务运动游戏，供家长参考。

◎ 游戏1：擦地板

擦地板可以强化幼儿的爬行动作技能，提高其协调性。在家中设置擦地板的起点与终点、计划移动的方向。家长可以和幼儿比赛擦地板，"预备开始"后计时，看谁擦得又快又干净。幼儿熟练后，可以增加"赛道"长度和来回次数，或者在"赛道"中间设置障碍物（图8-1）。

图8-1 擦地板

◎ 游戏 2：拖地

在家中空旷的场地上，使用积木或绳子围成迷宫式的赛道，家长和幼儿用拖把推着玩具汽车比赛，看谁在不触碰赛道的情况下，更快地将玩具汽车推到终点。这个游戏可以提高幼儿上肢和下肢的配合能力和手眼协调能力（图8-2）。

图8-2　拖地

◎ 游戏 3：小小面点师

做面点是增强幼儿手部力量，提高其协调性和灵敏性的重要练习方式。家长准备好面粉、擀面杖、模具等材料后，让幼儿一起参与和面；形成面团后，幼儿可以学习揉、捏、压面，制作传统的饺子、汤圆，也可以发挥想象力，捏出不同的形状，如小鱼、小刺猬、花朵、棒棒糖等；待面点蒸熟后，家长和幼儿一起品尝劳动成果（图8-3）。

图8-3　小小面点师

◎ 游戏4：小小收纳师

家长协助幼儿对房间的各类玩具、幼儿用品等进行分类与整理，增强幼儿的大脑执行功能。家长和幼儿先制定一个分类收纳标准，如按照玩具的种类，物品的功能、颜色、形状进行归类。然后，家长准备收纳盒或收纳筐等，贴上分类标签。家长和幼儿再确定收纳顺序，并将散落在客厅、房间的物品放回相应的收纳盒或收纳筐中。最后，家长对幼儿参与收纳工作给予表扬和鼓励（图8-4）。

图8-4　小小收纳师

三、其他相关保健知识和误区破解

（一）幼儿看多长时间电视或电子产品合适？

电子媒体的丰富和便捷使其成为家长带娃的"电子保姆"和"哄娃神器"。家长有时也会走入早教的误区，认为幼儿一动不动地看电视是认真的表现，可以培养专注力。殊不知2岁前的幼儿只是被丰富的色彩和声音吸引了，并未真正理解其中的含义，也不能习得任何知识，相反长时间的静坐观看会对幼儿的视力、身体发育、心理发育都带来危害。世界卫生组织发布的《关于5岁以下儿童的身体活动、久坐行为和睡眠指南》[6]认为：2岁以下的幼儿不建议被允许看屏幕，2岁及以上的幼儿静坐看屏幕的时间每天不应超过60分钟，并且越少越好。对于2岁以下的幼儿，家长可以通过讲故事、玩玩具、听儿歌、走进自然等方式与其一起度过亲子时光。2岁以上的幼儿观看视频时，家长也要帮助幼儿选择适宜的内容并控制时间，同时注意观看的距离、观看的姿势，以及观看环境的光线等，在幼儿成长过程中科学合理地使用电子产品。

（二）中国儿童睡眠时长不足，睡眠质量不高

幼儿如果存在睡眠时间不足、睡眠质量不佳，如入睡困难、多次夜醒等问题，就会影响幼儿的生长发育。根据中华人民共和国国家卫生和计划生育委员会（现为中华人民共和国国家卫生健康委员会）发布的《0岁～5岁儿童睡眠卫生指南》[8]，在24小时内，0～3个月儿童，推荐睡眠时间为13～18小时；4～11个月儿童，推荐睡眠时间为12～16小时；1～2岁儿童，推荐睡眠时间为11～14小时；3～5岁儿童，推荐睡眠时间为10～13小时。参照该指南，一项调查结果显示，0～3月龄、4～11月龄及12～35月龄的婴幼儿睡眠时间不足的比例分别为14.4%、21.7%和13.8%，3～5岁儿童睡眠时间达到10小时的比例只有60%。家长要帮助幼儿睡好觉，可以从这些方面进行改善：第一，空气清新、温度适宜的睡眠环境是必不可少的，并且卧室里不宜放置手机、电视、电脑等电子设备；第二，幼儿也应有自己独立的小床，并随着年龄的增长要学会和家长分房间独立入睡；第三，从3～5个月起，幼儿睡眠逐步规律，家长要培养幼儿规律就寝的习惯，就寝时间最迟不要超过21:00；第四，在幼儿睡前20分钟内，家长可以安排温馨的适度的睡前活动，如洗漱、如厕、讲故事等。

（三）儿童营养问题不仅有肥胖，还有营养不足

营养不足、微量元素缺乏与超重肥胖是儿童营养的三大问题。家长如果没有合理安排幼儿的膳食，任由幼儿偏食挑食或摄入过多高热量食物，幼儿就会出现营养不良、体重过低或超重肥胖。幼儿生长发育需要的微量元素包括钙、铁、锌、维生素A、维生素D等，微量元素的缺乏会引起免疫力低下、发育不良、生长迟缓，甚至出现佝偻病、缺铁性贫血等疾病。家长该如何安排幼儿膳食，促进幼儿健康成长呢？首先，家长需要多多学习膳食营养的相关知识，合理均衡的营养结构可以参考中国营养学会发布的《中国学龄儿童膳食指南（2022）》[9]。其次，家长以身作则，耐心培养幼儿规律饮食和良好的用餐习惯，这将为幼儿今后的成长带来颇多益处。最后，吃得好还要动起来，合理的膳食营养配合积极的运动锻炼才能使幼儿茁壮成长。

附录

《国民体质测定标准（2023年修订）》
幼儿部分节选

《国民体质测定标准（2023 年修订）》[10] 中 3~6 岁幼儿身体素质的测试指标和评分标准见表 1 至表 12。

表 1　男性幼儿握力评分表　　　　　　单位：千克

分值	3 岁	3.5 岁	4 岁	4.5 岁	5 岁	5.5 岁	6 岁
10 分	<1.6	<1.8	<2.1	<2.4	<2.7	<2.9	<3.2
30 分	1.6~1.7	1.8~2.0	2.1~2.3	2.4~2.7	2.7~3.0	2.9~3.4	3.2~3.7
50 分	1.8~2.3	2.1~2.7	2.4~3.2	2.8~3.7	3.1~4.2	3.5~4.8	3.8~5.4
55 分	2.4~2.8	2.8~3.2	3.3~3.8	3.8~4.4	4.3~5.0	4.9~5.6	5.5~6.3
60 分	2.9~3.1	3.3~3.7	3.9~4.3	4.5~5.0	5.1~5.7	5.7~6.4	6.4~7.1
65 分	3.2~3.5	3.8~4.1	4.4~4.8	5.1~5.5	5.8~6.2	6.5~7.0	7.2~7.8
70 分	3.6~3.9	4.2~4.6	4.9~5.3	5.6~6.1	6.3~6.8	7.1~7.6	7.9~8.5
75 分	4.0~4.4	4.7~5.1	5.4~5.9	6.2~6.6	6.9~7.4	7.7~8.3	8.6~9.2
80 分	4.5~5.0	5.2~5.7	6.0~6.5	6.7~7.3	7.5~8.1	8.4~9.0	9.3~10.0
85 分	5.1~5.8	5.8~6.5	6.6~7.3	7.4~8.2	8.2~9.1	9.1~10.0	10.1~11.0
90 分	5.9~6.4	6.6~7.1	7.4~7.9	8.3~8.8	9.2~9.7	10.1~10.7	11.1~11.7
95 分	6.5~7.3	7.2~8.0	8.0~8.9	8.9~9.8	9.8~10.7	10.8~11.7	11.8~12.7
100 分	≥7.4	≥8.1	≥9.0	≥9.9	≥10.8	≥11.8	≥12.8

注：测量值精确到小数点后1位。

表2　女性幼儿握力评分表　　　　　　　　　　单位：千克

分值	3 岁	3.5 岁	4 岁	4.5 岁	5 岁	5.5 岁	6 岁
10分	<1.5	<1.6	<1.9	<2.0	<2.2	<2.4	<2.8
30分	1.5~1.6	1.6~1.7	1.9~2.0	2.0~2.2	2.2~2.5	2.4~2.7	2.8~3.2
50分	1.7~2.1	1.8~2.3	2.1~2.8	2.3~3.1	2.6~3.5	2.8~3.9	3.3~4.5
55分	2.2~2.4	2.4~2.8	2.9~3.3	3.2~3.7	3.6~4.2	4.0~4.6	4.6~5.4
60分	2.5~2.8	2.9~3.2	3.4~3.8	3.8~4.2	4.3~4.8	4.7~5.3	5.5~6.0
65分	2.9~3.1	3.3~3.6	3.9~4.3	4.3~4.7	4.9~5.4	5.4~5.8	6.1~6.7
70分	3.2~3.5	3.7~4.0	4.4~4.7	4.8~5.2	5.5~5.9	5.9~6.4	6.8~7.3
75分	3.6~3.9	4.1~4.4	4.8~5.2	5.3~5.7	6.0~6.5	6.5~7.0	7.4~7.9
80分	4.0~4.5	4.5~5.0	5.3~5.8	5.8~6.4	6.6~7.2	7.1~7.8	8.0~8.7
85分	4.6~5.2	5.1~5.7	5.9~6.7	6.5~7.2	7.3~8.1	7.9~8.7	8.8~9.7
90分	5.3~5.8	5.8~6.3	6.8~7.3	7.3~7.8	8.2~8.8	8.8~9.3	9.8~10.4
95分	5.9~6.8	6.4~7.2	7.4~8.3	7.9~8.7	8.9~9.7	9.4~10.4	10.5~11.6
100分	≥6.9	≥7.3	≥8.4	≥8.8	≥9.8	≥10.5	≥11.7

注：测量值精确到小数点后1位。

表3　男性幼儿立定跳远评分表　　　　　　　　单位：厘米

分值	3 岁	3.5 岁	4 岁	4.5 岁	5 岁	5.5 岁	6 岁
10分	<25	<28	<41	<49	<58	<64	<69
30分	25~26	28~31	41~44	49~52	58~61	64~67	69~72
50分	27~33	32~40	45~54	53~63	62~71	68~78	73~82
55分	34~39	41~47	55~60	64~69	72~78	79~84	83~88
60分	40~43	48~52	61~65	70~75	79~83	85~89	89~93
65分	44~48	53~57	66~70	76~79	84~87	90~94	94~98
70分	49~53	58~62	71~75	80~84	88~92	95~99	99~103
75分	54~58	63~68	76~80	85~88	93~96	100~103	104~107
80分	59~64	69~73	81~85	89~93	97~101	104~108	108~112
85分	65~71	74~80	86~91	94~98	102~107	109~113	113~118

分值	3 岁	3.5 岁	4 岁	4.5 岁	5 岁	5.5 岁	6 岁
90 分	72~76	81~84	92~95	99~102	108~110	114~117	119~122
95 分	77~83	85~90	96~101	103~107	111~115	118~122	123~128
100 分	≥84	≥91	≥102	≥108	≥116	≥123	≥129

注：测量值不计小数。

表 4　女性幼儿立定跳远评分表　　　　　单位：厘米

分值	3 岁	3.5 岁	4 岁	4.5 岁	5 岁	5.5 岁	6 岁
10 分	<25	<29	<41	<47	<57	<63	<67
30 分	25~26	29~31	41~43	47~50	57~60	63~66	67~69
50 分	27~33	32~40	44~53	51~61	61~69	67~75	70~78
55 分	34~38	41~46	54~59	62~67	70~74	76~81	79~83
60 分	39~42	47~51	60~63	68~71	75~79	82~85	84~88
65 分	43~47	52~56	64~68	72~75	80~83	86~89	89~92
70 分	48~52	57~61	69~72	76~79	84~86	90~93	93~95
75 分	53~57	62~65	73~76	80~83	87~90	94~97	96~99
80 分	58~62	66~70	77~81	84~87	91~95	98~101	100~104
85 分	63~69	71~76	82~87	88~93	96~100	102~106	105~110
90 分	70~74	77~80	88~91	94~96	101~104	107~110	111~114
95 分	75~80	81~86	92~97	97~102	105~109	111~115	115~120
100 分	≥81	≥87	≥98	≥103	≥110	≥116	≥121

注：测量值不计小数。

表 5　男性幼儿双脚连续跳评分表　　　　　单位：秒

分值	3 岁	3.5 岁	4 岁	4.5 岁	5 岁	5.5 岁	6 岁
10 分	>19.8	>17.4	>14.1	>12.5	>10.9	>10.3	>9.3
30 分	19.8~18.4	17.4~16.0	14.1~13.1	12.5~11.6	10.9~10.2	10.3~9.5	9.3~8.7
50 分	18.3~14.7	15.9~12.7	13.0~10.7	11.5~9.4	10.1~8.4	9.4~7.8	8.6~7.4

续表

分值	3 岁	3.5 岁	4 岁	4.5 岁	5 岁	5.5 岁	6 岁
55 分	14.6~12.8	12.6~11.0	10.6~9.4	9.3~8.3	8.3~7.6	7.7~7.0	7.3~6.7
60 分	12.7~11.3	10.9~9.8	9.3~8.5	8.2~7.6	7.5~6.9	6.9~6.5	6.6~6.2
65 分	11.2~10.0	9.7~8.8	8.4~7.7	7.5~7.0	6.8~6.4	6.4~6.0	6.1~5.8
70 分	9.9~9.0	8.7~7.9	7.6~7.1	6.9~6.4	6.3~6.0	5.9~5.7	5.7~5.5
75 分	8.9~8.0	7.8~7.2	7.0~6.5	6.3~6.0	5.9~5.6	5.6~5.3	5.4~5.2
80 分	7.9~7.2	7.1~6.6	6.4~6.0	5.9~5.6	5.5~5.3	5.2~5.0	5.1~4.9
85 分	7.1~6.4	6.5~6.0	5.9~5.5	5.5~5.2	5.2~4.9	4.9~4.7	4.8~4.6
90 分	6.3~6.0	5.9~5.6	5.4~5.2	5.1~4.9	4.8~4.7	4.6	4.5
95 分	5.9~5.5	5.5~5.2	5.1~4.9	4.8~4.7	4.6~4.5	4.5~4.4	4.4~4.2
100 分	≤5.4	≤5.1	≤4.8	≤4.6	≤4.4	≤4.3	≤4.1

注：测量值精确到小数点后1位。

表 6 女性幼儿双脚连续跳评分表 单位：秒

分值	3 岁	3.5 岁	4 岁	4.5 岁	5 岁	5.5 岁	6 岁
10 分	>19.6	>17.3	>14.0	>12.2	>11.1	>10.1	>9.3
30 分	19.6~18.3	17.3~16.1	14.0~13.0	12.2~11.4	11.1~10.3	10.1~9.4	9.3~8.8
50 分	18.2~14.9	16.0~12.9	12.9~10.6	11.3~9.4	10.2~8.5	9.3~7.8	8.7~7.5
55 分	14.8~13.0	12.8~11.3	10.5~9.4	9.3~8.4	8.4~7.7	7.7~7.1	7.4~6.8
60 分	12.9~11.5	11.2~10.1	9.3~8.5	8.3~7.7	7.6~7.0	7.0~6.6	6.7~6.4
65 分	11.4~10.3	10.0~9.1	8.4~7.8	7.6~7.1	6.9~6.6	6.5~6.2	6.3~6.0
70 分	10.2~9.3	9.0~8.2	7.7~7.2	7.0~6.6	6.5~6.1	6.1~5.8	5.9~5.7
75 分	9.2~8.3	8.1~7.5	7.1~6.7	6.5~6.2	6.0~5.8	5.7~5.5	5.6~5.4
80 分	8.2~7.5	7.4~6.8	6.6~6.2	6.1~5.8	5.7~5.4	5.4~5.2	5.3~5.1
85 分	7.4~6.6	6.7~6.2	6.1~5.7	5.7~5.4	5.3~5.1	5.1~4.9	5.0~4.8
90 分	6.5~6.2	6.1~5.8	5.6~5.4	5.3~5.1	5.0~4.9	4.8~4.7	4.7~4.6
95 分	6.1~5.6	5.7~5.4	5.3~5.1	5.0~4.9	4.8~4.6	4.6~4.5	4.5~4.4
100 分	≤5.5	≤5.3	≤5.0	≤4.8	≤4.5	≤4.4	≤4.3

注：测量值精确到小数点后1位。

表7　男性坐位体前屈评分表　　　　　　　　　　　　　　　单位：厘米

分值	3 岁	3.5 岁	4 岁	4.5 岁	5 岁	5.5 岁	6 岁
10 分	<0.7	<0.6	<0.1	<−0.6	<−1.4	<−2.1	<−2.8
30 分	0.7~2.0	0.6~2.0	0.1~1.5	−0.6~0.8	−1.4~0.1	−2.1~−0.6	−2.8~−1.2
50 分	2.1~5.2	2.1~5.2	1.6~4.9	0.9~4.3	0.2~3.6	−0.5~3.1	−1.1~2.5
55 分	5.3~6.9	5.3~7.0	5.0~6.6	4.4~6.1	3.7~5.5	3.2~5.0	2.6~4.5
60 分	7.0~8.2	7.1~8.3	6.7~8.0	6.2~7.5	5.6~6.9	5.1~6.5	4.6~6.0
65 分	8.3~9.3	8.4~9.4	8.1~9.1	7.6~8.7	7.0~8.1	6.6~7.7	6.1~7.3
70 分	9.4~10.3	9.5~10.5	9.2~10.3	8.8~9.8	8.2~9.3	7.8~9.0	7.4~8.5
75 分	10.4~11.4	10.6~11.6	10.4~11.4	9.9~11.0	9.4~10.5	9.1~10.2	8.6~9.8
80 分	11.5~12.7	11.7~12.9	11.5~12.8	11.1~12.4	10.6~11.9	10.3~11.7	9.9~11.3
85 分	12.8~14.4	13.0~14.6	12.9~14.5	12.5~14.2	12.0~13.8	11.8~13.6	11.4~13.3
90 分	14.5~15.6	14.7~15.9	14.6~15.8	14.3~15.5	13.9~15.2	13.7~15.0	13.4~14.8
95 分	15.7~17.6	16.0~17.9	15.9~17.9	15.6~17.7	15.3~17.4	15.1~17.3	14.9~17.1
100 分	≥17.7	≥18.0	≥18.0	≥17.8	≥17.5	≥17.4	≥17.2

注：测量值精确到小数点后1位。

表8　女性坐位体前屈评分表　　　　　　　　　　　　　　　单位：厘米

分值	3 岁	3.5 岁	4 岁	4.5 岁	5 岁	5.5 岁	6 岁
10 分	<1.7	<2.0	<2.2	<2.0	<1.8	<1.5	<1.0
30 分	1.7~3.0	2.0~3.3	2.2~3.5	2.0~3.4	1.8~3.2	1.5~3.0	1.0~2.5
50 分	3.1~6.2	3.4~6.5	3.6~6.7	3.5~6.7	3.3~6.6	3.1~6.5	2.6~6.2
55 分	6.3~7.9	6.6~8.2	6.8~8.4	6.8~8.5	6.7~8.4	6.6~8.4	6.3~8.1
60 分	8.0~9.1	8.3~9.5	8.5~9.7	8.6~9.8	8.5~9.8	8.5~9.8	8.2~9.6
65 分	9.2~10.2	9.6~10.6	9.8~10.8	9.9~10.9	9.9~11.0	9.9~11.0	9.7~10.9
70 分	10.3~11.3	10.7~11.6	10.9~11.9	11.0~12.0	11.1~12.1	11.1~12.2	11.0~12.1
75 分	11.4~12.4	11.7~12.8	12.0~13.0	12.1~13.1	12.2~13.3	12.3~13.4	12.2~13.4
80 分	12.5~13.6	12.9~14.0	13.1~14.3	13.2~14.5	13.4~14.6	13.5~14.8	13.5~14.8
85 分	13.7~15.3	14.1~15.7	14.4~16.0	14.6~16.2	14.7~16.4	14.9~16.6	14.9~16.8

续表

分值	3 岁	3.5 岁	4 岁	4.5 岁	5 岁	5.5 岁	6 岁
90 分	15.4~16.5	15.8~16.9	16.1~17.3	16.3~17.5	16.5~17.7	16.7~18.0	16.9~18.2
95 分	16.6~18.5	17.0~18.9	17.4~19.3	17.6~19.5	17.8~19.8	18.1~20.2	18.3~20.4
100 分	≥18.6	≥19.0	≥19.4	≥19.6	≥19.9	≥20.3	≥20.5

注：测量值精确到小数点后1位。

表9 男性幼儿 15 米绕障碍跑评分表　　　　　　　　　　　　单位：秒

分值	3 岁	3.5 岁	4 岁	4.5 岁	5 岁	5.5 岁	6 岁
10 分	>15.2	>14.2	>13.3	>12.6	>12.0	>11.6	>11.2
30 分	15.2~14.4	14.2~13.3	13.3~12.5	12.6~11.7	12.0~11.1	11.6~10.7	11.2~10.3
50 分	14.3~12.4	13.2~11.4	12.4~10.6	11.6~9.9	11.0~9.4	10.6~8.9	10.2~8.6
55 分	12.3~11.4	11.3~10.5	10.5~9.8	9.8~9.1	9.3~8.6	8.8~8.3	8.5~8.0
60 分	11.3~10.7	10.4~9.9	9.7~9.2	9.0~8.7	8.5~8.2	8.2~7.8	7.9~7.6
65 分	10.6~10.2	9.8~9.4	9.1~8.8	8.6~8.3	8.1~7.9	7.7~7.5	7.5~7.3
70 分	10.1~9.7	9.3~9.0	8.7~8.4	8.2~8.0	7.8~7.6	7.4~7.3	7.2~7.1
75 分	9.6~9.2	8.9~8.6	8.3~8.1	7.9~7.6	7.5~7.3	7.2~7.0	7.0~6.9
80 分	9.1~8.8	8.5~8.2	8.0~7.7	7.5~7.3	7.2~7.0	6.9~6.8	6.8~6.6
85 分	8.7~8.2	8.1~7.7	7.6~7.3	7.2~6.9	6.9~6.6	6.7~6.4	6.5~6.3
90 分	8.1~7.8	7.6~7.4	7.2~7.0	6.8~6.7	6.5~6.4	6.3~6.2	6.2~6.1
95 分	7.7~7.3	7.3~6.9	6.9~6.6	6.6~6.3	6.3~6.1	6.1~5.9	6.0~5.8
100 分	≤7.2	≤6.8	≤6.5	≤6.2	≤6.0	≤5.8	≤5.7

注：测量值精确到小数点后1位。

表10 女性幼儿 15 米绕障碍跑评分表　　　　　　　　　　　　单位：秒

分值	3 岁	3.5 岁	4 岁	4.5 岁	5 岁	5.5 岁	6 岁
10 分	>15.5	>14.3	>13.3	>12.6	>12.0	>11.5	>11.2
30 分	15.5~14.7	14.3~13.5	13.3~12.5	12.6~11.7	12.0~11.2	11.5~10.7	11.2~10.4
50 分	14.6~12.7	13.4~11.6	12.4~10.7	11.6~10.0	11.1~9.5	10.6~9.2	10.3~8.9
55 分	12.6~11.7	11.5~10.7	10.6~9.9	9.9~9.3	9.4~8.8	9.1~8.5	8.8~8.3

分值	3 岁	3.5 岁	4 岁	4.5 岁	5 岁	5.5 岁	6 岁
60 分	11.6~11.1	10.6~10.1	9.8~9.4	9.2~8.8	8.7~8.4	8.4~8.1	8.2~7.9
65 分	11.0~10.5	10.0~9.7	9.3~9.0	8.7~8.5	8.3~8.1	8.0~7.8	7.8~7.6
70 分	10.4~10.0	9.6~9.3	8.9~8.6	8.4~8.2	8.0~7.8	7.7~7.5	7.5~7.4
75 分	9.9~9.5	9.2~8.9	8.5~8.3	8.1~7.9	7.7~7.5	7.4~7.3	7.3~7.1
80 分	9.4~9.0	8.8~8.4	8.2~7.9	7.8~7.5	7.4~7.2	7.2~7.0	7.0~6.9
85 分	8.9~8.5	8.3~7.9	7.8~7.5	7.4~7.1	7.1~6.9	6.9~6.7	6.8~6.6
90 分	8.4~8.1	7.8~7.6	7.4~7.2	7.0~6.9	6.8~6.6	6.6~6.5	6.5~6.4
95 分	8.0~7.6	7.5~7.1	7.1~6.7	6.8~6.5	6.5~6.3	6.4~6.1	6.3~6.1
100 分	≤7.5	≤7.0	≤6.6	≤6.4	≤6.2	≤6.0	≤6.0

注：测量值精确到小数点后1位。

表 11　男性幼儿走平衡木评分表　　　　　　　　　　单位：秒

分值	3 岁	3.5 岁	4 岁	4.5 岁	5 岁	5.5 岁	6 岁
10 分	>33.2	>29.1	>25.5	>22.4	>19.6	>17.1	>15.0
30 分	33.2~29.2	29.1~25.6	25.5~22.5	22.4~19.7	19.6~17.3	17.1~15.2	15.0~13.4
50 分	29.1~20.5	25.5~18.1	22.4~16.1	19.6~14.2	17.2~12.6	15.1~11.2	13.3~10.0
55 分	20.4~16.4	18.0~14.7	16.0~13.1	14.1~11.7	12.5~10.5	11.1~9.4	9.9~8.4
60 分	16.3~13.7	14.6~12.3	13.0~11.1	11.6~10.0	10.4~9.0	9.3~8.2	8.3~7.4
65 分	13.6~11.6	12.2~10.6	11.0~9.6	9.9~8.7	8.9~7.9	8.1~7.2	7.3~6.5
70 分	11.5~10.0	10.5~9.2	9.5~8.4	8.6~7.7	7.8~7.0	7.1~6.4	6.4~5.9
75 分	9.9~8.7	9.1~8.0	8.3~7.4	7.6~6.8	6.9~6.3	6.3~5.8	5.8~5.3
80 分	8.6~7.6	7.9~7.1	7.3~6.6	6.7~6.1	6.2~5.6	5.7~5.2	5.2~4.8
85 分	7.5~6.6	7.0~6.2	6.5~5.8	6.0~5.4	5.5~5.0	5.1~4.7	4.7~4.4
90 分	6.5~6.1	6.1~5.7	5.7~5.4	5.3~5.0	4.9~4.7	4.6~4.4	4.3~4.1
95 分	6.0~5.5	5.6~5.2	5.3~4.9	4.9~4.6	4.6~4.3	4.3~4.1	4.0~3.8
100 分	≤5.4	≤5.1	≤4.8	≤4.5	≤4.2	≤4.0	≤3.7

注：测量值精确到小数点后1位。

表 12　女性幼儿走平衡木评分表　　　　　　单位：秒

分值	3 岁	3.5 岁	4 岁	4.5 岁	5 岁	5.5 岁	6 岁
10 分	>33.8	>28.3	>24.3	>20.6	>18.6	>17.1	>14.3
30 分	33.8~29.3	28.3~24.9	24.3~21.4	20.6~18.3	18.6~16.6	17.1~15.3	14.3~13.0
50 分	29.2~20.2	24.8~17.7	21.3~15.4	18.2~13.5	16.5~12.3	15.2~11.4	12.9~9.9
55 分	20.1~16.1	17.6~14.4	15.3~12.7	13.4~11.3	12.2~10.3	11.3~9.6	9.8~8.5
60 分	16.0~13.4	14.3~12.3	12.6~10.9	11.2~9.8	10.2~9.0	9.5~8.3	8.4~7.5
65 分	13.3~11.4	12.2~10.6	10.8~9.5	9.7~8.7	8.9~7.9	8.2~7.4	7.4~6.7
70 分	11.3~9.8	10.5~9.3	9.4~8.4	8.6~7.7	7.8~7.1	7.3~6.6	6.6~6.0
75 分	9.7~8.6	9.2~8.2	8.3~7.4	7.6~6.9	7.0~6.4	6.5~6.0	5.9~5.5
80 分	8.5~7.5	8.1~7.2	7.3~6.6	6.8~6.2	6.3~5.7	5.9~5.4	5.4~5.0
85 分	7.4~6.6	7.1~6.4	6.5~5.9	6.1~5.5	5.6~5.1	5.3~4.8	4.9~4.5
90 分	6.5~6.1	6.3~5.9	5.8~5.4	5.4~5.2	5.0~4.8	4.7~4.5	4.4~4.2
95 分	6.0~5.5	5.8~5.4	5.3~5.0	5.1~4.7	4.7~4.4	4.4~4.1	4.1~3.9
100 分	≤5.4	≤5.3	≤4.9	≤4.6	≤4.3	≤4.0	≤3.8

注：测量值精确到小数点后1位。

参考文献

[1] 国家体育总局. 国民体质测定标准手册(幼儿部分)[M]. 北京: 人民体育出版社, 2003.

[2] ULRICH D A. Introduction to the special section: evaluation of the psychometric properties of the TGMD-3[J]. Journal of motor learning and development, 2017, 5(1): 1-4.

[3] 简赵芳, 张国华, 曾云香, 等. Alberta婴儿运动量表与0~6岁小儿神经心理发育检查表的相关性研究[J]. 中国儿童保健杂志, 2013, 21(12): 1327-1329.

[4] Hua J, Gu G, Zhu Q, et al. The reliability and validity of the developmental coordination disorder questionnaire' 07 for children aged 4-6 years in mainland China[J]. Research in developmental disabilities, 2015, 47: 405-415

[5] 李晓捷. 人体发育学[M]. 北京: 人民卫生出版社, 2008.

[6] World Health Organization. Guidelines on physical activity, sedentary behaviour and sleep for children under 5 years of age. World Health Organization[EB/OL]. (2019-04-24)[2023-08-20]. http://www.who.int/iris/handle/10665/311664.

[7] 《中国人群身体活动指南》编写委员会. 中国人群身体活动指南（2021）[M]. 北京：人民卫生出版社, 2021.

[8] 中国疾病预防控制中心妇幼保健中心，上海交通大学医学院附属上海儿童医学中心，首都医科大学附属北京儿童医院，等. 0岁～5岁儿童睡眠卫生指南: WS/T 579—2017[S]. 北京：中华人民共和国国家卫生和计划生育委员会, 2017: 4.

[9] 中国营养学会. 中国学龄儿童膳食指南(2022)[M]. 北京：人民卫生出版社, 2022.

[10] 国家国民体质监测中心. 国民体质测定标准(2023年修订)[S]. 北京：国家体育总局, 2023: 16-21.

王欢

王欢，研究员，临床医学学士，运动人体科学博士，美国南卡罗来纳大学公共卫生学院访问学者，在国家体育总局体育科学研究所从事全民健身科研近20年。主要研究方向为体质评价、能量代谢与运动疗法、儿童动作发展与健康促进。承担或作为骨干参与科技部、国家体育总局、北京市教委多项关于儿童动作发展与健康促进的课题。创编促进幼儿粗大动作发展游戏。兼任中国妇幼保健协会委员、北京早期教育促进会运动与儿童成长专业委员会副秘书长、中国体育科学学会"儿童运动处方"国家级讲师。

王馨塘

王馨塘，运动人体科学博士，美国北卡罗来纳大学访问学者。主要研究方向为运动与健康促进。现就职于北京体育大学中国运动与健康研究院，长期为大众健身人群进行运动风险筛查及运动处方制定；为备战夏季、冬季奥运会的国家队运动员提供科研服务与科技攻关。主持及参与多项省部级科研课题。